GOTTESDIENST PRAXIS SERIE A

Arbeitshilfen für die Gestaltung
der Gottesdienste im Kirchenjahr

Herausgegeben von Erhard Domay

Gütersloher Verlagshaus

GOTTESDIENST-PRAXIS

I. Perikopenreihe

Band 4: 15. Sonntag nach Trinitatis
bis Ewigkeitssonntag

Gütersloher Verlagshaus

Die Deutsche Bibliothek - CIP-Einheitsaufnahme

Gottesdienstpraxis. - Gütersloh : Gütersloher Verl.-Haus.

Ser. A, Arbeitshilfen für die Gestaltung
der Gottesdienste im Kirchenjahr.
Perikopenreihe 1. hrsg. von Erhard Domay.
NE: Domay, Erhard [Hrsg.]; Arbeitshilfen für die Gestaltung
der Gottesdienste im Kirchenjahr

Bd. 4. 15. Sonntag nach Trinitatis bis Ewigkeitssonntag. - 1997
ISBN 3-579-02939-8

ISBN 3-579-02939-8

Umschlagentwurf: Franz Wöllzenmüller, Oberhaching
Umschlagbild: © Johannes Schreiter, Langen, S. D. G., 2/1995/F.
Die hier wiedergegebene Reproduktion entspricht dem Original.
Fenster in einem Privathaus, 108 x 159 cm.
Satz: Fotosetzerei Steggemann, Herford
Druck und Bindung: Ebner Ulm

Gedruckt auf chlorfrei gebleichtem Werkdruckpapier

Printed in Germany

Inhalt

15. Sonntag nach Trinitatis
Annäherungen an den Predigttext Matthäus 6,25–34
(Traugott J. Simon) 7
Zum Gottesdienst *(Klaus v. Mering)* 11

16. Sonntag nach Trinitatis
Annäherungen an den Predigttext Johannes 11,1 (2) 3.17–27 (41–45)
(Wolfhart Koeppen) 19
Zum Gottesdienst *(Hans Jürgen Milchner)* 20

17. Sonntag nach Trinitatis
Annäherungen an den Predigttext Matthäus 15,21–28
(Friedrich Holze) 29
Zum Gottesdienst *(Ralf Handelsmann)* 31

18. Sonntag nach Trinitatis
Annäherungen an den Predigttext Markus 12,28–34
(Hans Werner Dannowski) 40
Zum Gottesdienst *(Bernd Ahrens)* 41

Erntedankfest
Annäherungen an den Predigttext Lukas 12, (13–14) 15–21
(Hartmut Wenzel) 48
Zum Gottesdienst *(Dieter Schupp)* 49

20. Sonntag nach Trinitatis
Annäherungen an den Predigttext Markus 10,2–9 (10–16)
(Frank Niemann) 56
Zum Gottesdienst *(Christoph Schmidt-Ehmcke)* 58

21. Sonntag nach Trinitatis
Annäherungen an den Predigttext Matthäus 5,38–48
(Eschel Alpermann) 67
Zum Gottesdienst *(Günter Berndt)* 68

22. Sonntag nach Trinitatis
Annäherungen an den Predigttext Matthäus 18,21–35
(Sabine Bäuerle) 77
Zum Gottesdienst *(Christian Schad)* 79

Reformationsfest
Annäherungen an den Predigttext Matthäus 5,2–10 (11–12)
(Martin Adam) 88
Zum Gottesdienst *(Reinhard Kirste)* 89

23. Sonntag nach Trinitatis
Annäherungen an den Predigttext Matthäus 22,15–22
(Birgit Brügge-Lauterjung) 100
Zum Gottesdienst *(Gerhard Engelsberger)* 102

Drittletzter Sonntag des Kirchenjahres
Annäherungen an den Predigttext Lukas 17,20–24 (25–30)
(Bernd Ahrens) 110
Zum Gottesdienst *(Claus Marcus)* 113

Vorletzter Sonntag des Kirchenjahres
Annäherungen an den Predigttext Matthäus 25,31–46
(Angela Fuhrmann, Christian Fuhrmann) 122
Zum Gottesdienst *(Klaus Eulenberger)* 124

Buß- und Bettag
Annäherungen an den Predigttext Lukas 13,(1–5) 6–9
(Helga Trösken) 130
Zum Gottesdienst *(Gerlinde Wnuck-Schad)* 132

Ewigkeitssonntag
Annäherungen an den Predigttext Matthäus 25,1–13
(Heinz Behrends) 139
Zum Gottesdienst *(Wolfram Braselmann)* 141

Gedenktag der Entschlafenen
Annäherungen an den Predigttext Johannes 5,24–29
(Hanne Köhler) 147
Zum Gottesdienst *(Hans Hermann Blettgen)* 148

Die Autorinnen und Autoren 156

15. Sonntag nach Trinitatis

Annäherungen an den Predigttext Matthäus 6,25-34

Traugott J. Simon

15 Erwachsene - (Ehe-)Paare, 8 Frauen, 7 Männer -, die sich zum zweiten Mal als Hauskreis trafen, waren nach Anfrage über den Gemeindepfarrer bereit, ihre Gedanken und Fragen zum Text zusammenzutragen. Die Mitglieder der Gruppe sind mit der Kirche - wenn auch nicht unkritisch - vertraut.

Der Text ist ja ziemlich bekannt ... Da auch TheologInnen im Kreis sind, wähle ich als Impuls: den Text versweise vorlesen, dazu spontane Äußerungen, ohne große Diskussionsgespräche; aus der Gruppe kommt der Wunsch dazu: vor dem Vorlesen des nächsten Verses den letzten vorausgegangenen nochmals vorzulesen. Dauer der spontanen Äußerungsrunde plus kurzes Abschlußgespräch (»Was würden Sie jemand mit auf den Weg geben, der zu diesem Text etwas zur Predigtvorbereitung zu schreiben hätte?«) dauerte ca. 90 Minuten.

V. 25: Doller Gedankenanstoß für Hausfrauen, die den ganzen Tag mit alltäglichen Sorgen beschäftigt sind. Die Kühlschränke müssen trotzdem voll sein. - Ja? - (Er:) Da hätte ich ganz schön Sorgen. -

Muß man nicht auch sorgen für manches? - Bei dem Text sträubt sich mir manches! - Wir müssen ja vieles besorgen. - Bei unserem Wohlstand ist für alles gesorgt. - Im Nahen Osten, wo der Text entstanden ist, würden die Menschen verhungern ohne (Vor-)Sorgen. -

Der Text kann nicht falsch sein ... - Aber lebensfern! - Wo bleiben die Lebensumstände? - Es gibt auch in unserem Staat Menschen, die sich mit Sorgen, Ängsten, Zukunftsängsten kaputtmachen . - »Ist nicht das Leben mehr als ...«: gibt es also wichtigere Sorgen?

V. 26: Eichhörnchen sammeln aber für den Winter!! - Hamster auch! - Gibt es Menschen mit Eichhörnchen-Trieb? - Wir Menschen sorgen zuweilen für die Vögel! - Andere sorgen für uns, wenn es uns schlecht geht. - Vögel gehen auch (anderen) Lebensverpflichtungen nach, grübeln darüber aber nicht nach. - Vögel sind ein ziemlich dämliches Volk. Wir können gerade planen! - Das finde ich ärgerlich: Wir sind anders, aber nicht mehr, im

Sinne von: besser. – Primitive Kulturstufen, in denen Menschen so leben. Bei uns würde Chaos ausbrechen. –
Wir haben ideale Bedingungen. – Unsinn! Die Versicherungen und die Industrie würde Sturm laufen!! – Das ist wohl eine Ermahnung gegen menschliche Larmoyanz. Es ist umgekehrt: ich/wir selber laufe/n dagegen Sturm ...

V. 27: Ermahnung, das normale Sorgen nicht als Lebensinhalt zu verstehen. – Nicht: den Körper usw. vernachlässigen, sondern: es geht gerade um mich! – Ich bin immer wieder dabei, mich zu zer-sorgen; aber: bringts mich weiter? – Der Sorgentrieb ist dann gleich zur letzten Sorge ausgespannt. – Ich bin nicht frei davon, wie ich diesen Text predigen würde. Jesus muß was anderes mit Sorge meinen als wir. –
Ist das deutsche Wort »sorgen« im Bedeutungsgehalt breiter als bei Jesus, bzw. als das, was hier verurteilt wird? – Nicht alles in der Hand haben ... – Die Stunde des Todes ist nicht festgelegt, die habe ich nicht in der Hand. – Zu diesen Fragen kann man nur sagen: Ja! – Bei vorigen war bei mir noch ein Aufbäumen: hier ist es nicht mehr möglich. – »Mitten im Leben ... vom Tod umpfangen ...«.

V. 28: (Beim Vorlesen: Lachen ...) – Unterschied zwischen dem, was die Lilien sind und dem, was wir Menschen haben. – Das geht mir alles so quer: Wir sind keine Lilien! – »Narzissus und die Tulipan ...«: Die ziehen sich gar nicht an! – (Kopfschütteln:) Das ist ein gesellschaftliches Problem: Zum Menschen gehört das Streben nach Besitz und Materiellem; daraus entstehen die Kriege; daraus müßte man folgern, das alles gänzlich zu lassen. Das geht nicht. Das stellt(e) die ganze Kultur infrage. –
Wem ist das eigentlich gesagt? Menschen, die mit un-gesorgtem Leben Schwierigkeiten haben? – Muß die Fähigkeit zu reflektieren uns Kummer machen? – Vielleicht geht es um Menschen, die sich ganz toll dabei vorkommen. – Lauter Marthas? – Jedenfalls ist es nicht wie beim Kornbauern. Martha ist hier nicht gemeint: die kann nicht genießen! –
An welcher Grenze wird solches Wort hörbar, ist es gesagt? – (folgt kurzes Zwiegespräch zwischen den Eltern eines behinderten Kindes:) Es hat wenig Sinn, sich darum zu sorgen, was aus unserem behinderten Kind wird? – Wir müssen die Gegenwart wahrnehmen. – Aber: Wir müssen nicht Gott mit allem behelligen, was wir selber besorgen können! – (Danach: kurzes Gespräch über Lebensplanung für Kinder:) Es ist wohl wichtig, die gegenwärtigen Ereignisse im Blick auf die Zukunft zu sehen. – Oder z. B. im Studium: sich auch Gedanken machen um LebenspartnerIn, Prüfungen, die Stellung später. – Oder die eigene berufliche Stellung ist befristet: was danach? Z. B. Wohnung? – Was hat eigentlich früher, z. B. 1944, Menschen, die damals heirateten, dazu gebracht, eine Ehe/Familie zu gründen? – Der Zeit-Trend heute: Je besser es geht, umso mehr Sorgen sind da und seelische Probleme. – Nochmal zum Text: So stimmt's nicht!! –

V. 29: Ein Frosttag - und die Lilie ist kaputt ...! - Salomo war sicher ganz ansprechend gekleidet ...! - Alles, was Geschmack und Intelligenz von Menschen ersinnt, reicht nicht hin. - Die Pflanze(n) ist (sind) mit allem ausgestattet. -
Was hat Schönheit mit Sorge zu tun? - Da mußt du nur die Jugendlichen fragen ... - Es gibt Unterschiede zwischen »schön sein wollen« und »schön sein«. - Was macht unsere Schönheit aus? - Es geht um alles, was Menschen einsetzen können. - Das kann nicht heranreichen an die Schönheit der Schöpfung! - Kleidung ist kulturtechnisch notwendig! - Dieser Vergleich hinkt! Hier geht es um einen Hinweis auf übertriebene Sorge und Eitelkeit. - Es ist sinnlos, sich den Kopf kaputtzumachen. - Ist es (nicht) verrückt, sich Dauerwellen machen zu lassen? (Es folgen kurze Wechselgespräche und Interpretationen; ich erinnere an »Spontanes«.) - Warum nicht? - Weil »der Vater« sorgt (V. 26).

V. 30: (Bitte nochmal lesen/hören:) Vergleich: »wieviel mehr ist der Mensch ...?«; also: Gott sorgt für meine Lebensplanung. - Das »... nicht viel mehr ...« ist wie in Vers 26 (ich ergänze: »Wie ein Refrain.«) - Jetzt ist das nicht mehr zu verstehen. - Die Vögel und die Blumen sind gut ausgerüstet fürs Leben. - Die Menschen sind auch gut ausgerüstet! - Für uns ist das eine sehr ungewöhnliche Perspektive! - Es geht um die Freiheit der Zuwendung Gottes. - Das ist ein knalliger Punkt!! (Das »Ihr Kleingläubigen« wird nicht aufgegriffen.).

V. 31: (spontan:) Das hatten wir schon! - Mir fällt der Bach-Satz ein: »... dafür sollt ihr nicht sorgen!« - Da kommt alles nochmal hoch. - Der Mensch ist ganz anders, Lilien haben nicht den Horizont. - Das »... werden ...« zeigt: da gibt es keine Ausrichtung auf die Zukunft - und das genau ist aber für die Menschen maßgeblich!

V. 32: (zunächst Schweigen - dann:) Das ist hart! - Die dritte Stufe: erst »Pflanzen«, dann »Tiere«, jetzt »Heiden« ...! - Das ist ein ziemlicher Hammer!! - Sind Christen Mönche, die in völliger Armut leben (sollen)? - »Heiden« sind wohl Menschen, die nicht um den »Vater« wissen. - Im Zer-sorgen degradiere ich Gott! Ich traue es ihm nicht zu. - (Einer schnauft laut hörbar; ich spreche ihn an:) Es gibt einfach gewisse Dinge, um die sich zu kümmern ist!! (Erinnerung an Chorproben mit einem Dirigenten, der sich nicht »ums Äußere« sorgte, bis einmal nichts zu essen da war:) Brote etc. waren eben bei den Proben immer da. -
Menschen regeln das Profane? - Das geht zu weit!! - Aber: Warum eigentlich nicht? -
(Einem fällt ein Märchen ein:) Im Keller eines Hauses steckt eine Axt im Balken; dort unten ist auch eine Wasserquelle oder ein Wasserhahn; ein dummes Mädchen, das sich nicht traut, dort unten Wasser zu holen: die Axt

hängt ja oben drüber und könnte runterfallen; ein Reisender kommt und hilft: er nimmt die Axt aus dem Balken: »Ich habe dein Problem gelöst!« (die Frau dessen, der sich an das Märchen erinnert, widerspricht, hat eine andere Lösung in Erinnerung) - Vor welcher Grenze (wohl: Bedrohung, Mißverständnis) redet Jesus?

V. 33: (Kurzes Zwiegespräch des Ehepaares:) Tja, da stehste da mit deinen profanen Sachen ... Jesus ist wie immer radikaler! - Tja, ich überlege auch immer freitags, wieviel wir übers Wochenende brauchen. - Das hat mit dem Text nichts zu tun! - Es gibt einen guten englischen Spruch: »First things first.« - (»Er«, etwas verlegen:) Die Wirklichkeit dieses Verses ist nicht per Diskussion zu lösen. Da muß ich an einer Stelle meines Lebens etwas riskieren ... - ... weil man das nicht aufgerechnet kriegt! - Es ist eine Erfahrung, es so zu machen. - Das ist radikal - und unangenehm ...!

V. 34: »Plage«; nicht: »Sorge«. - So weit waren wir schon! - Nicht Be-sorgen! - Gegen übersteigerte Zukunftsängste. - Im Heute leben. - Oder: In einem Gespräch (nicht) auf jetzt konzentrieren (können) - Oder z.B. bei den Studies: heute die Probleme von morgen lösen (wollen). - Das ist für mich ein Anstoß?: Das ist ja gerade die Leistung der Kultur, daß weit vorausgeschaut wird. -
Und wir? Müssen wir naiv werden? Oder: Planen muß sein? Aber was tun mit Sorgen und Ängsten? - Wer so redet, entschärft den Text. - Jetzt ist die Spannung stark aufgebaut: entweder es ist alles gut oder es stimmt alles nicht!

Am Schluß noch geäußerte Wünsche: »Was wollen Sie ... auf den Weg mitgeben?«:
- Die Bedeutung von Vers 33 möchte ausgeführt werden.
- Die Anstößigkeit des Textes soll bitte nicht übersehen, sondern gerade wahrgenommen werden. (Dies wurde gerade bei den spontanen Äußerungen als erfrischend empfunden.)
- Wer den Text völlig widerspruchsfrei predigen möchte, dem wünscht man: »Träum' weiter!«.
- Da gibt's eine Menge bei der Begriffsdefinition - v. a. wohl von »sorgen«.
- Wo ist hier der Punkt, um den es geht?
- Voneinander abgrenzen helfen: sorgen - zersorgen - versorgen - besorgen - planen - kümmern - verantwortlich sein ...
- Eine doppelte, zueinander spannungsvolle Erwartung:
die Warnung vor der Sorge hier im Text aufgelöst haben wollen -
und: die Zumutung zugemutet bekommen, daß es aber auch so gemeint sei.
- Bitte nicht nur Begriffe aufnehmen!
- Bitte die kraftvollen Bilder aufgreifen und als Bilder von Freiheit wahrnehmen ...!

Zum Gottesdienst

Klaus v. Mering

Exegetisch-homiletische Skizze

Dieser Text macht deutlicher als manche andere – und die ›Annäherungen‹ bestätigen das auf ihre Weise –, daß »den Text ernstnehmen« nicht Perikopenfetischismus heißen darf: Wer den vorliegenden Absatz aus dem Zusammenhang reißt und nicht fragt: Wer redet hier? und: Zu wem wird hier gesprochen?, der verfängt sich in uferlosen Wortklaubereien.
»Sorgen« – übrigens ein sehr altes Wort, das im Indogermanischen den Klang von »krank sein« hat – löst heute, je nach Zusammenhang, sehr unterschiedliche, ja gegensätzliche Gefühle aus: Die »Fürsorge« ist für die einen Inbegriff eines Gefühls von Geborgensein, für die anderen Etikett einer Behörde, der man nicht in die Hände fallen möchte. Und die Sorgenfalten in einem Gesicht wecken bei mir warme, zärtliche Gefühle, wenn ich sie im Gesicht meiner Mutter wahrnehme; aber sie können mich auch abstoßen, ja bedrohen, wenn sie Ausdruck von Gier und menschenverachtender Härte sind.
Eine Näherbestimmung, welche(s) Sorgen in unserer Perikope gemeint ist/sind, kann nur aus dem Zusammenhang erschlossen werden. Bei Matthäus stehen vor unserm Abschnitt Worte über das Fasten und das falsche Schätzesammeln, also über das Verzichtenkönnen als Ausdruck von Freiheit und über die Gefahr des Reichtums als Sklaventreiber. Und Lukas fügt die Gedanken über das Sorgen an die Beispielgeschichte vom reichen Kornbauern an, der glaubt, sich durch entsprechende Vorsorgemaßnahmen in Sicherheit bringen zu können. In beiden Evangelien bezieht sich die Warnung vor der Sorge also auf ein Besitzdenken, das Haben mit Sein, die Freiheit des Verfügens mit der des Handelns verwechselt. »Solange es Menschen gibt, die das verbrauchen, was sie nicht brauchen, wird es immer Menschen geben, die das nicht haben, was sie brauchen« (Johann Schicht). Die einen machen sich Sorgen, weil sie einen Ersatz für die verlorene Lust am Leben brauchen, die aus der Spannung von Wünschen und Warten einerseits und Sich-Einsetzen und Erfolg haben andererseits erwächst. Und die andern haben nicht einmal mehr die Kraft zum vorausdenkenden Planen, weil sie nur noch, von Hunger und Hoffnungslosigkeit gelähmt, das unmittelbare Überleben im Blick haben oder sogar resigniert dem endgültigen Zusammenbruch entgegendämmern.
Diesen Skandal rückt Jesus ins Blickfeld, indem er auf den Vater verweist, der jedem seiner Geschöpfe das für sein Leben Notwendige zugedacht hat. Das Reich Gottes, dessen Kommen Jesus ankündigt, bedeutet Gerechtigkeit und Frieden für alle, ist also nicht eine andere, »innerliche« Wirk-

lichkeit, die der von Nahrung und Kleidung gegenüberstünde - eine ganz unjüdische Vorstellung! »Reich Gottes ist dort, wo wir Kranken einander heilen, wir Bedürftigen einander beistehen, wir Sünder einander vergeben. Wo es verwirklicht ist, ist heiliger Leichtsinn, Dankbarkeit und Freude kein Verrat an denen, die aus der Sorge und Plage nicht herauskommen« (Walter Dirks).

Der 15. Sonntag nach Trinitatis fällt in den Spätsommer, d.h. die meisten Menschen hören diese Worte auf dem Hintergrund von Urlaubsgefühlen, vielleicht sogar, wie bei uns, mitten im Urlaub - die Langeooger Inselkirche, in der Regel an fast allen Sonntagen des Jahres dank der UrlauberInnen gut bis sehr gut besucht, erlebt in diesen Wochen zwischen Sommer- und Herbstferien Jahr für Jahr den größten Zulauf. Wer sich einen Inselurlaub leisten kann, nagt nicht gerade am Hungertuch, wird aber andererseits durch die ungewohnte Umgebung von Meer und Dünen und den sanfteren Lebensrhythmus einer autofreien Insel nicht selten mit der Frage konfrontiert, ob die alltägliche Ordnung, aus der er kommt und in die er demnächst zurückkehrt, wirklich so »in Ordnung« ist. Hier kann ich mit meiner Predigt anknüpfen und versuchen, aus der unbestimmten Verunsicherung in einen Prozeß kritischer Reflexion und produktiver Lebensplanung überzuleiten.

Vorschläge zur Liturgie

Eingangspsalm

All meinen Kummer bringe ich zu dir, Gott, denn ich weiß: Du kümmerst dich um alles, was mir das Herz schwer macht.

Wenn der Herr nicht das Haus baut, so arbeiten umsonst, die daran bauen. Wenn auf dem, was wir tun, kein Segen liegt, sind auch die größten Erfolge vergeblich.

Ich will es mir nicht leicht machen wie jene, die alle Probleme »dem lieben Gott überlassen«, die sich bequem zurücklehnen im Schaukelstuhl ihrer faulen Kompromisse.

Du willst, daß ich den Wohlstand, in den ich hineingeboren bin, als Werkzeug benutze, um aus den Steinen der Not Brücken zu bauen für die Ausgegrenzten und Dächer für die Unbehausten.

Aber du willst nicht, daß ich mich abhängig mache von den Hochrechnungen meines Fleißes, meine Zuversicht und meine Zweifel - sie sollen kein Maßstab sein für meinen Gehorsam.

Wenn du nicht das Koordinatenkreuz bist, gehen meine Rechnungen nicht auf, und wenn du den Flug meiner Gedanken nicht lenkst, verlieren sie sich im All der Unverbindlichkeiten.

Wohl dem, der dich nicht zum Lückenbüßer macht für mangelnde Hilfsbereitschaft! Er wird dich finden mitten in der Lückenlosigkeit seiner Sorgfalt.

Wohl aber auch dem, der seine Verantwortung als Antwort versteht auf deine Fragen! Er wird sich nicht allein fühlen, wenn der Glanz des Erfolges verblaßt.
Den Seinen gibts der Herr im Schlaf; darum können wir, wenn wir aufgewacht sind, mit vollen Händen austeilen.
All meinen Kummer bringe ich zu dir, Gott; denn ich weiß: Du kümmerst dich um alles, was mein Herz schwer macht.
(nach Psalm 127/128)

Schuldbekenntnis - Gnadenzusage
Weil wir uns abschleppen mit Lasten, die keinem nützen und die Kräfte verbrauchen, die du uns verliehen hast zum Nutzen unseres Nächsten - weil das Schiff, in dem wir das andere Ufer erreichen wollen, längst leck ist und die Sicherheiten, mit denen wir uns umgeben, aus unsern eigenen Unzuverlässigkeiten bestehen, deshalb rufen wir zu dir: Herr, erbarme dich!

Weil die Vergebung, mit der uns Gott neues Leben schenkt, nicht abhängig ist von der Kraft unserer Reue und weil der neue Anfang, den wir heute machen dürfen, sich nicht einfangen läßt von den Fesseln, mit denen wir am Gestern hängen, deshalb können wir uns fallen lassen in Gottes ausgebreitete Arme und Atem schöpfen aus der Tiefe seiner Barmherzigkeit: Ehre sei Gott in der Höhe!

Kollektengebet
Herr, wir leben von dem, was wir durch Saat und Ernte gewinnen. Aber wir leben auch davon, daß wir nicht alles ernten, was wir gesät haben; keiner von uns könnte bestehen, wenn er für alles geradestehen müßte, was er angerichtet hat. Und keine von uns hätte eine Zukunft, wenn sie nicht, wie die Vögel unter dem Himmel, immer wieder aus deiner Hand empfinge, was sie nicht gesät hat. Dafür danken wir dir durch unsern Herrn Jesus Christus. Amen.
(aus: Klaus v. Mering, Deine Güte reicht, so weit der Himmel ist - Quell Verlag, Stuttgart)

Schlußgebet
Nicht alles, Gott sei Dank, ist uns möglich, nicht alles nötig, nicht alles wichtig für uns. Wir können wählen. Können wir wählen? Wir müssen es lernen, immer von neuem. Wir brauchen deine Hilfe, Gott.
Wir bitten: Herr, erbarme dich!
Nicht alles haben: Dem andern gönnen, was ihm gehört, nicht immer vergleichen, mit dem jetzt Möglichen zufrieden sein, nicht immer mehr verlangen, loslassen, schenken, verzichten, fragen, was die anderen brauchen, für gerechtere Verhältnisse sorgen - das ist schwer.
Wir bitten: Herr, erbarme dich!

Nicht alles leisten: Die eigenen Grenzen sehen, dem andern Freiheit lassen, Gott zutrauen, daß er auch ohne meine Hilfe mit ihm reden kann. Nicht Filter sein müssen für alles und Dolmetscher für jeden. Ertragen, daß die Dinge an mir vorbeilaufen. Wem fällt das leicht?
Wir bitten: Herr, erbarme dich!
Nicht alles wissen: Wichtiges vom Unwichtigen unterscheiden, das jetzt Notwendige herausfinden. Überlegen, was sich zu lesen lohnt, den Fernsehapparat abschalten, Gerüchte auf sich beruhen lassen, nicht den Fachmann für alles spielen, den Rat des Erfahrenen achten - wir wissen, wie notwendig das ist.
Wir bitten: Herr, erbarme dich!
Nicht alles sagen: Zuhören, lange Zeit zuhören, die Lage des andern bedenken, ihm sagen helfen, was er meint, schweigen, wenn Worte nicht helfen können, Verlegenheit ertragen, nicht nur zur eigenen Entlastung schwatzen, dem wohlüberlegten Wort etwas zutrauen - wer das könnte!
Wir bitten: Herr, erbarme dich!
Nicht alles haben, nicht alles leisten, nicht alles wissen, nicht alles sagen - sich konzentrieren auf das eine, das Reich Gottes und seine Gerechtigkeit. Jesus, Herr, hilf uns dazu durch deinen Geist, den Geist der Hingabe und der Kraft, daß ich die Angst um mich selbst hinter mir lasse im Vertrauen auf deinen Ruf in den heiligen Leichtsinn der Kinder Gottes, den Ruf deines Vaters, dem wir uns verdanken und den wir in deinem Namen anrufen:
Vater unser ...

(Überarbeitung eines Textes von Christian Zippert, Neue Gottesdienstgebete, Gütersloher Verlagshaus, Gütersloh, Seite 126 f.).

Lieder

Eingangslied: EG 352,1-3 Alles ist an Gottes Segen ... oder: 300,1-3 Lobt Gott den Herrn ... oder: Geh aus mein Herz ... - Umweltfassung (s. u.), u. U. im Wechsel mit der Originalfassung EG Nieders. 503.
Hauptlied: 369,1+2+6+7 Wer nur den lieben Gott läßt walten ...
Vor der Predigt: EG 427 Solang es Menschen gibt auf Erden ... 1+3+4 oder EWG 430 Gib Frieden, Herr, gib Frieden ... 2+3 oder EG Nieders. 588 Der Himmel geht über allen auf ... (Kanon) oder EG Nieders. Wo ein Mensch Vertrauen gibt ... (Zusatzstrophen s. u.)
Nach der Predigt: EG 322 Nun danket all und bringet Ehr ...

Geh aus mein Herz (Umweltfassung)
1. Geh aus, mein Herr, und suche Freud, denn du hast nicht mehr lange Zeit, dich an Natur zu laben. Schau an der schönen Gärten Zier, solange Blume, Baum und Tier noch Raum zum Leben haben.
2. Die Bäume stehen voller Laub, doch die Chemie senkt ihren Staub herab auf Wald und Weide. Narzissus und die Tulipan, die weichen heut der Autobahn - im Abgas wächst Getreide.

3. Die Lerche schwingt sich in die Luft, bis auch ihr kleiner Leib verpufft im Sog der Düsenwerke. Die hochbegabte Nachtigall kämpft gegen den Transistorschall und unterliegt an Stärke.
4. Die Glucke führt ihr Völklein aus, sofern sie nicht, bestimmt zum Schmaus nach dumpfer Mast verendet. Der schnelle Hirsch, das leichte Reh, sie sterben in des Menschen Näh, vom Nachtverkehr geblendet.
5. Die Bächlein rauschen in dem Sand mit reduziertem Fischbestand infolge Abfallstauung. Die Wiesen liegen hart dabei, noch weiden hier die Kühe frei, bald kommt die Überbauung.
6. Die unverdroßne Bienenschar findet bei uns Jahr zu Jahr mehr giftgesprühte Blüten. Des süßen Weinstocks starker Saft, er fordert Leben, kostet Kraft, weil viele sich nicht hüten.
7. Ich selber kann und mag nicht ruh'n, denn jeder muß das Seine tun, so groß sind die Gefahren. Ich singe mit, wenn alles singt, voll Hoffnung, daß es uns gelingt, die Schöpfung zu bewahren.
(Text: E.R.; Rechte beim Verfasser; Abgedruckt in: Die Fontäne in blau, Schriftniederlage des Evang. Jugendwerks in Württemberg, Stuttgart Nr. 119 b).

Wo ein Mensch Vertrauen gibt – Zusatzstrophen:
2. Wo ein Mensch ein Neues wagt, nicht mehr tut, was alle tun, fällt ein Tropfen …
3. Wo ein Mensch Gott loben lernt, ihn nicht mehr zum Schuldner macht, fällt ein Tropfen …
5. Wo ein Mensch den andern hört, auch, wenn er schon lange schweigt, fällt ein Tropfen …
7. Wo ein Mensch Gott mehr zutraut als ein Stückchen Glück für sich, fällt ein Tropfen …
8. Wo ein Mensch dem Schwachen gönnt, daß Gott ihm den Himmel schenkt, fällt ein Tropfen …
9. Wo ein Mensch auf Frieden setzt, nicht mehr feind dem Feind sein will, fällt ein Tropfen …
10. Wo wir Menschen Menschen sind, schön wie Gottes Ebenbild, fallen Tropfen, fällt der Regen, der aus Wüsten Gärten macht.
(Klaus v. Mering, 1985)

Vorschlag zur Predigt

Möglicher Anfang

›Deine Sorgen möcht ich haben!‹, sagen wir, wenn das, was unser Gegenüber beunruhigt, in keinem Verhältnis zu stehen scheint zu dem, was andere Leute oder eben auch wir selber auszuhalten haben. ›Deine Sorgen möchte ich haben‹, sagt der Geschäftsmann, dessen Betrieb in den letzten Monaten unversehens in die roten Zahlen gerutscht ist, zu dem Bettler, der ihn um 2 Mark für ein Straßenbahnticket bittet. Aber möchte er sie wirklich haben? ›Deine Sorgen möcht ich haben!‹, sagt der Vater entnervt zu seinem Sohn, der weinend aus der Schule kommt, weil ihn die Mitschüler bei der Wahl der Klassenmannschaft für das bevorstehende Fußballturnier der städtischen Schulen nicht berücksichtigt haben. Er selbst, der Vater, leidet schon seit Wochen unter der gereizten Atmosphäre in seiner Behörde, weil nach dem Ausscheiden eines Verwaltungsdirektors immer noch unklar ist, wie die Nachfolge geregelt wird und wer dabei welchen Posten bekommt. Aber möchte der Vater wirklich die Sorgen seines Kindes übernehmen? ›Deine Sorgen möcht ich haben!‹, sagt der Politiker, der sich um das Kreistagsmandat bewirbt und sich nun täglich von neuem in das Gestrüpp der lokalen und regionalen Probleme stürzen muß, immer mit einem Auge auf den eigenen Parteiklüngel hinter sich und den politischen Gegner gegenüber. Ein Vertreter der örtlichen Umweltgruppe hat ihn zwischen zwei Terminen abgefangen und gefragt, was er von der Abholzung der Regenwälder im Norden Brasiliens hält. »Deine Sorgen möchte ich haben!« Möchte er wirklich?

Zum weiteren Verlauf

Man kann die Sorgen, die Menschen haben, nicht gewichten nach klein und groß, schwer und leicht, man kann höchsten unterscheiden, in welcher Hinsicht sie einen Menschen hindern, zu leben und ober er etwas dazu tun kann, dieses Hindernis zu beseitigen. »Macht euch keine Sorgen!«, sagt Jesus, nicht, weil er meint, es sei eigentlich alles in Ordnung. Sondern weil es genug zu be-sorgen gibt, sollen sich seine Jüngerinnen und Jünger nicht noch zusätzliche Sorgen ›machen‹, basteln, auf den Hals ziehen. Wieviele Dinge, die uns Sorgen bereiten, brauchen wir eigentlich gar nicht? Und umgekehrt: Wieviele Menschen könnten auch, nachdem man ihnen durch einen ›Sorgenblocker‹ die Fähigkeit, sich Sorgen zu machen, wegoperiert hätte, kein menschenwürdiges Leben führen, weil es ihnen am Lebensnotwendigsten mangelt. Diesen Widerspruch gilt es zu beseitigen, und wer sich darum sorgt, steht an der Seite Jesu. »Seht die Vögel unter dem Himmel an; sie säen nicht, sie ernten nicht, sie sammeln nicht in die Scheunen; und euer himmlischer Vater ernährt sie doch. Seid ihr denn nicht viel mehr als sie?« Jeder Mensch hat als Geschöpf Gottes das Recht, sich satt zu essen und sich ausreichend zu kleiden, heißt das doch; wenigstens darauf hat er ein Recht. Und alle, die mehr haben als sie täglich essen und trinken können bzw. als sie gegen Kälte, Hitze und Schamgefühl auf dem Leibe tragen – alle die müssen sich fragen lassen, worauf sie eigentlich ihre Sorgen verschwenden, statt ihr Sinnen und Trachten auf das Reich Gottes und auf seine Gerechtigkeit zu richten und Frieden mit der Schöpfung anzustreben.

Aber dabei gilt es den andern Widerspruch auszuhalten, daß es ausgerechnet dieser Jesus ist, der uns auffordert: Sorget nicht! Ausgerechnet Jesus,

der überall Probleme sah, wo andere gar nichts merkten: In der Isolierung der Aussätzigen, in der gerechten Strafe der Gesetzesbrecher, in der leidenschaftlichen Frömmigkeit der Frommen. Überall entdeckte er Probleme und gab Anstöße zu einem neuen Denken und Verhalten. Offenbar hat er etwas gewußt von den Ängsten, die gerade dem kommen können, dem die Nöte dieser Welt nicht gleichgültig sind. Diese Ängste sind berechtigt, denn »wer sich einsetzt, setzt sich aus« - zunächst vielleicht nur dem Stirnrunzeln seiner Freunde, später dem offenen Spott derer, die ihr Schäfchen ins Trockene bringen und am Ende womöglich aktivem Haß und feindseliger Verfolgung. Trotzdem, sagt Jesus, habt keine Angst: Wenn schon der Spatz, der nichts tut zum Frieden auf der Welt als das eine, daß er nur frißt, was er findet - wenn schon der Spatz in Gottes Hand ist, wieviel mehr ihr, die ihr in meinem Auftrag das Reich Gottes ›besorgt‹!
Sorget nicht, das heißt: Setzt euch ein, aber macht euch nicht abhängig von eurem Einsatz. Ich, Gott, sorge für euch! Verschlaft nicht die Zeit, aber gönnt euch einen sorglosen Schlaf. Ich, Gott, sorge für euch!

Möglicher Schluß
Wenn ihr ernst damit macht, daß Gott Adams Schuld vergeben hat, dann kann die dadurch entstandene Unordnung Schritt für Schritt zurückgedrängt werden. Und dann können auch die, die sich noch verzweifelte Sorgen um ihr (Über)leben machen müssen, damit aufhören; denn die tröstliche Botschaft: Ihr braucht euch keine Sorgen zu machen, wird ihnen von Menschen gebracht, die das in den Händen halten, was ihre Sorgen löst. Und dabei geschieht nicht selten das andere Wunder, daß diejenigen, die vorher vor lauter Sorgen um ihre Reichtümer keinen Platz mehr in ihrem Herzen fanden für das Vertrauen auf Gottes Güte - daß die solches Vertrauen wiederfinden, gerade indem sie sich nicht weiter absichern gegen die Not der andern.
»Deine Sorgen möcht ich haben!« Aus dem sarkastischen Seufzer ist eine ausgestreckte Hand geworden. Amen

Kontexte

»Gib alles hin, denn alles ist dein«, sagt die flämische Mystikerin Hadwig. Sie meint, wer lassen könne, freilassen und hingeben, wer nichts behalten wolle, dem liege schließlich alles, was er sonst krampfhaft festhalten müsse, ungefährdet in der Hand. (Jörg Zink, Womit wir beten können, Kreuz Verlag, Stuttgart, Seite 206)

Meiner lieben Hausfrau Katherin Lutherin, Doktorin, Selbstmärtyrerin zu Wittenberg, meiner gnädigen Frau zu Händen und Füßen.
Gnade und Friede im Herrn. Lies Du, liebe Käthe, den Johannes und den Kleinen Katechismus. Denn Du willst sorgen für Deinen Gott, gerad als wäre er nicht allmächtig, der da könnte zehn Doktor Martinus schaffen, wo der einige alt ersöffe in

der Saale oder im Ofenloch oder auf Wolfs Vogelherd. Laß mich in Frieden mit Deiner Sorge, ich habe einen besseren Sorger, denn Du und alle Engel sind. Er liegt in der Krippe, aber sitzt gleichwohl zur rechten Hand Gottes, des allmächtigen Vaters. Darum sei in Frieden. Amen.
Martin Luther, zehn Tage vor seinem Tod.
(zitiert von Jörg Zink, Womit wir beten können, Kreuz Verlag, Stuttgart, Seite 228)

Ich kann mich den ganzen Tag ärgern, aber ich bin nicht dazu verpflichtet.
(Verfasser unbekannt)

Meine Sache ist es, an Gott zu denken. Gottes Sache ist es, an mich zu denken.
(Verfasser unbekannt)

DER URLAUB

Ein Mensch, vorm Urlaub, wahrt sein Haus,
dreht überall die Lichter aus
in Zimmern, Küche, Bad, Abort.
Dann sperrt er ab, fährt heiter fort.
Doch jäh, zuhinterst in Tirol,
denkt er voll Schrecken: »Hab ich wohl ...?«
Und steigert wild sich in den Wahn,
er habe dieses nicht getan.
Der Mensch sieht, schaudervoll, im Geiste,
wie man gestohlen schon das meiste,
sieht Türen offen, angelweit,
das Licht entflammt die ganze Zeit!
Zu klären solchen Sinnentrug,
fährt heim er mit dem nächsten Zug
und ist schon dankbar, bloß zu sehn:
Das Haus blieb wenigstens noch stehn!
Wie er hinauf die Treppen keucht:
Kommt aus der Wohnung kein Geleucht?
Und plötzlich ist's dem armen Manne,
es plätschre aus der Badewanne!
Die Ängste werden unermessen:
Hat er nicht auch das Gas vergessen?
Doch nein! Er schnuppert, horcht und äugt
und ist mit Freuden überzeugt,
daß er – hat er's nicht gleich gedacht? –
zu Unrecht Sorgen sich gemacht.
Er fährt zurück und ist nicht bang. –
Jetzt brennt das Licht vier Wochen lang.
(Eugen Roth)

16. Sonntag nach Trinitatis

Annäherungen an den Predigttext Johannes 11,1 (2) 3.17–27 (41–45)

Wolfhart Koeppen

Was Leute aus der Gemeinde zu der Geschichte denken und fragen

»Wenn Jesus auch meinen Mann, der an Krebs gestorben ist, aus dem Grab geholt hätte, würde ich die Geschichte glauben. Sonst nicht.«
»Wer an Jesus glaubt, hat das ewige Leben. Jesus sagt es selbst. An der Entscheidung für ihn kommt niemand vorbei. Ewiges Leben oder ewiger Tod – das ist die Alternative.«
»Kennen Sie einen, der nicht gestorben ist, bloß weil er an Jesus geglaubt hat? Ich nicht. Typisch Bibel: große Worte – nichts dahinter.«
»Glauben wir vielleicht alle gar nicht richtig an Jesus, weil bei uns sowas nicht vorkommt?«
»Entweder, du glaubst das oder du glaubst es nicht. Was macht das schon für einen Unterschied?«
»Auch die Frömmsten sterben, das war schon immer so. Die Sache mit dem Leben kann doch nur symbolisch gemeint sein.«
»Selig sind, die nichts dergleichen sehen und doch glauben!«

Was dem Theologen zu solchen Äußerungen einfällt

Fundamentalistischer Tatsachenglaube – existentielle Skepsis – symbolische Umdeutung – spöttische Bestreitung: Der Text weckt offenbar gegensätzliche und widersprüchliche Reaktionen. Für die einen *muß* alles so gewesen sein, für andere *kann* es und für die dritten *darf* es so nicht gewesen sein. Wer will da entscheiden, wer Recht hat? Und wie soll eine Predigt zustandekommen, die so unterschiedlichen Wahrnehmungen gerecht wird und es allen recht macht? Gegen diese massive Story sind vergleichsweise sogar die Ostererzählungen leichte Kost. Der Engel, das leere Grab, das Entsetzen der Frauen – das alles lebt von der Erstmaligkeit und Einmaligkeit des Geschehens. Jesus: die große Ausnahme? Wäre Lazarus somit die peinliche, weil ganz und gar unwahrscheinliche Wiederholung (oder Vorwegnahme) und die Überlieferung des Johannes in ihrer Massivität eine Grenzüberschreitung – des frommen Denkens und des guten Geschmacks zugleich?

Warum Prädikanten über die Geschichte nicht predigen wollen

Reicht es angesichts der gestellten Fragen aus, zum soundsovielten Mal zu behaupten: »Eigentlich« geht es doch um Jesus, den Christus, den in die Welt Gekommenen, den Sohn Gottes? Wenn: Dann wäre das Bekenntnis zu ihm der Schlüssel - nicht nur zu dieser merkwürdig faszinierenden und abstoßenden Geschichte von der Auferweckung des Lazarus, sondern zum Geheimnis von Tod und Leben überhaupt. Aber: Wie ist dieses Bekenntnis heute möglich - zwischen Bestreitung und Behauptung, Vergeistigung und Vergleichgültigung des Wunders? Liefe das nicht (wieder einmal) auf jenes klerikale Formelgeplapper hinaus, das allenfalls fromme Stimmungen erzeugt statt mögliche Erfahrungen zu beschreiben? Deshalb lautet die Schlüsselfrage: Wie läßt sich vermeiden, daß das vollmundige Bekenntnis zu Jesus, dem »Herrn des Lebens«, peinlich abseits der vielen nur zu gut beschreibbaren Todeserfahrungen steht: Drogentote auf unseren Bahnhöfen, Krebstote in unseren Kliniken, Verkehrstote auf unseren Straßen, Hungertote, Kriegstote, Selbstmordtote, unter ihnen eine erschreckende Zahl von Kindern ...? Wer sagt zu ihnen, überhaupt zu allen, die vor der Zeit sterben müssen statt alt und lebenssatt: Komm heraus!? Was hat *Jesus* ihnen zu sagen? Und wie reden *wir* mit den vom Tod Bedrohten und Betroffenen - nicht nur von der Kanzel herab, sondern vor allem auf der gemeinsamen Ebene des alltäglichen Lebens mit seinen Selbstverständlichkeiten und Rätseln? Wie also kann es gelingen, das von Jesus geweckte Leben zu glauben, glaub-würdig miteinander zu teilen und dann - vielleicht - auch einander mitzuteilen?

Zum Gottesdienst

Hans Jürgen Milchner

Exegetisch-homiletische Skizze

Unsere Perikope hat eine längere Entstehungsgeschichte hinter sich. Drei aufeinanderfolgende Phasen scheinen mir denkmöglich:
a) An den Anfang der Redaktionsgeschichte unseres Predigttextes gehört sicher eine für Jesus typische Wundergeschichte, zu denen die VV. 1.3.17.38 f. 41.43 f. gehören.
b) Der Verfasser des vierten Evangeliums hat in einer Zeichenquelle schon diese Wundergeschichte fortgeschrieben und leicht interpretiert vorgefunden. Der Erzählzusammenhang hat eine neue Abfolge erhalten, das Wunder selbst wird dramatisch in Szene gesetzt. Lazarus muß sterben, damit er Anteil gewinnt am wunder- und zeichenhaften Geschehen Jesu. Zu beden-

ken ist, daß sich der Glaube sicher nicht nur an das schlichte Wunder hält, sondern die Wundertat ist nur ein Zeichen für das Leben, das in Christus begegnet.

c) In der dritten Überarbeitung relativiert der Evangelist selbst noch einmal seine Quellenvorgabe. Jesu Worte selbst erhalten eine Dominanz, ja eine lehr- und bekenntnishafte Ausrichtung. Die Zuspitzung des Textes wird in dem Bekenntnis der Martha deutlich und vor allem im Dialog der Begriffe um eine präsentische bzw. eschatologische Auferstehungshoffnung.

Das Credo der Martha ist faszinierend, ebenso die vorher gestellte Frage Jesu: »Glaubst du das?« Ich empfinde Sympathie zu diesem persönlichen Credo einer Frau, das ihresgleichen im NT sucht. Das vollmundige und doch wankelmütige Bekenntnis des Petrus dagegen trägt mehr heldenhafte Züge. Diese Frau fasziniert wirklich: Sie findet sich mit dem, was ist, nicht ab, sie verhält sich wie Abraham, dem Vater des Glaubens, sie »hat geglaubt auf Hoffnung, da nichts zu hoffen war«. Martha vertritt in ihrem Glauben mehr die endzeitliche Auferstehungshoffnung und verkörpert dabei sicher auch den Glauben und die Anfechtungen einer jüdisch-christlichen Gemeinde, in der der Verfasser des vierten Evangeliums beheimatet ist. Diese Gemeinde ist in reale Lebensbedrohung geraten, ihr drohte einerseits der Ausschluß aus dem Synagogenverband und andererseits der Pflicht zur römischen Kaiserkultverehrung. In diesem Vakuum religiöser Autorität und Ordnung war die junge Gemeinde offen für allerlei religiöse und gnostische Spekulationen. Dieses galt es vehement abzuwehren. Daß das Heil allein in Christus zu finden ist, ist Antwort für die bedrohte Gemeinde, die in der Gestalt der Martha ihr Credo zu sprechen wagt.

Sicher liegt in seiner Urform (vgl. a.) ein reales Wunder Jesu vor, das im Laufe seiner Überlieferungsgeschichte seine heutige Form gefunden hat. Bei der Auferstehung des Lazarus ist an ein konkretes Wunder gedacht, aber die heutige Perikope scheint schon Auslegung dieses Wunders zu sein. Gemeint ist also letztendlich nicht unbedingt die Rückkehr eines Menschen aus dem Tode ist alte, verwesliche Leben. Man müßte den Lazarus bedauern, wenn es so wäre, denn er hätte dann das seltene und auch traurige Vorrecht, daß er die Not des Sterbens zweimal auskosten muß. Was wäre, wenn Lazarus aus dem Grabe gerufen hätte: »Nein, ich will nicht! Laßt mich in Ruhe! Ich will meinen Frieden!« Das neue Leben (zoe) aus Jesu Sicht ist keineswegs die Verlängerung des Irdischen ins Ewige hinein, sondern das schlechthin Neue, die neue Schöpfung, das von »oben« geschenkte Leben, eine bleibende Gemeinschaft mit dem Schöpfer und dem Heiland selbst.

Mit seinem »Ich bin-Wort« prägt Jesus aber den Begriff der Auferstehung für sich und die ihm nachfolgende Gemeinde neu. Auferstehung meint nicht mehr ein Ereignis, das am Ende der Zeit sich ereignen wird, sondern in ihm vereinen sich präsentische und eschatologische Hoffnung. Marthas Schlußwort, als Antwort der Gemeinde, bestätigt diese von Jesus neu an-

klingende Sicht. Der Glaube wird in den Vordergrund gerückt, wobei der Glaube nicht allein auf die Auferstehung gründet, schon gar nicht auf die Wiederbelebung eines Menschen, sondern auf Christus, dem Auferstandenen, dem, der Glauben schenkt. Bultmann in seinem Johannes-Kommentar dazu: »Der Begriff der eschatologischen anastasis wird derart umgewandelt, daß die von Martha gemeinte künftige Auferstehung gleichgültig wird gegenüber der gegenwärtig im Glauben erfaßten.«
Im Predigttext ist deshalb nicht nur von der wundersamen Auferstehung eines Toten die Rede, sondern von der Auferstehung der Lebenden. Hier an diesem Punkt wird die Predigt ihren Schwerpunkt gewinnen. Der Glaube an die Auferstehung ist ferner nicht nur eine Art Sterbehilfe, eine Vertröstung, sondern eine Ermächtigung zum Leben und zugleich Entmächtigung des Todes.
Obwohl unsere Predigtperikope, außer in den handelnden Personen, in den drei synoptischen Evangelien nicht vorkommt, ist mir doch der Hinweis wichtig, daß sie dort ihren Platz gefunden hat, wo bei den Synoptikern die Tempelaustreibung Jesu stattfindet. Jesus treibt hier zwar nicht die Händler aus dem Tempel, sondern er treibt die Todesangst heraus, die den Menschen behaftet, er entmachtet einen Kleinglauben, der dem Schöpfer allen Lebens nichts mehr zutraut. Diese Angstaustreibung kostet Jesus das Leben, wobei das Kreuz johanneisch konsequent als Verherrlichung und Sieg verstanden wird.
Christliche Kirche ist in vielen Teilen zu einer Beerdigungskirche geworden. Trauerandachten sind meist oft besser besucht und haben ein ganz anderes Publikum, als gewöhnliche Sonntagsgottesdienste. Zu oft wird bei Traueransprachen das Mit-Fühlen, das Mit-Trauern und der Verstorbene zu sehr in den Vordergrund gestellt, und die Hoffnung auf die Auferstehung gerät als eine peinliche Randbemerkung in den Schlußteil der Predigt, als eine Art homiletisch-obligatorische Pflichtlektüre. Glaube verheißt aber doch ein Leben, das vor und nach dem Tode von Gottes Liebe umwoben ist, Glaube verheißt ein kontinuierliches Sein bei Gott. Warum verschweigen wir das als Prediger zu gerne? Schämen wir uns dieser Hoffnung, wo doch Konkretionen dieser Hoffnung mehr als gefragt sind im Dschungel und Morast anderer meist subtiler Hoffnungs- und Auferstehungsvorstellungen.
Auferstehungsglaube, so J. Roloff, gehört deshalb nicht zu den letzten Dingen, sondern zu den ersten. Denn dieser ist nicht Hilfe zum Sterben, sondern Ermächtigung zum Leben und Entmächtigung des Todes. Situationen des Lebens, die gegen die Lebensvorstellung Jesu entsprechen, sind unüberschaubar: aufgegebenes Leben vor den Bahnhöfen, sinnentleertes Leben in Beratungsgesprächen, Leben ohne Kraft in Trauer und Zurücksetzungen, Leben, das vom Leben Jesu keine Berührung mehr finden will. E. Drewermann vergleicht diese Auffassung mit »einem Menschen, der lebendig tot ist, der sich selbst und anderen buchstäblich zum Gestank geworden ist, von den Mumienbinden seiner Gefangenschaft zu befreien und ins Leben zurückzu-

rufen«. Christus will da in uns neue Lebensräume gewinnen, wo wir mit Rebellion und Resignation in den Sackgassen des Lebens oft vergeblich kämpfen. Diese neue von Christus geschenkte Leben kann Mut machen, zerstückelts Leben bei sich selber und bei anderen zu verbinden und anderen zu einem Lebensbegleiter zu werden. Eine Hoffnung auf die Auferstehung darf nicht nur trösten, erst recht nicht mitleidig vertrösten, sondern sie soll und kann die Todesangst in einem selbst negieren und austreiben, so daß wir Christenmenschen, so Chr. Blumhardt, wirklich glaubhafte Protestleute gegen den Tod und für das Leben sind - und sicher auch bleiben. Menschen warten auf verbindliche Aussagen, die glaubhaft klingen, weil sie vom lebendigen Glauben sprechen. Solch eine Hoffnung ruft ins Leben zurück, ermöglicht einen heilsamen Ortswechsel und löst die Mumienbinden, läßt aufsehen und auferstehen wie es an Lazarus einst geschah. »Christus hat dem Tode die Macht genommen«, mit den Worten dieses Wochenspruches läßt sich mitten im Herbst ein kleines und hoffentlich auch fröhliches Auferstehungsfest als Tag des Herrn feiern. Das jubelnde und überzeugende Halleluja hätte hier seinen liturgischen Platz!

Vorschläge zur Liturgie

Confiteor

L: Im Namen Gottes des Vaters und des Sohnes und des Heiligen Geistes.
G: Amen.
L: Unsere Hilfe steht im Namen des Herrn,
G: der Himmel und Erde gemacht hat.
L: Als christliche Gemeinde haben wir uns versammelt, um Gottes Wort zu hören. Wir denken heute daran, wie oft wir von Trauer und Ohnmacht gefangen sind, wie uns das Leben abgeschnürt ist. Wir suchen nach guten Worten und Gedanken, die uns aufhelfen zu einem wahren Leben. Wir gedenken dabei aber auch unserer Unwürdigkeit und wir bekennen vor Gott, daß wir gesündigt haben mit Gedanken, Worten und Werken und daß wir uns aus eigener Kraft nicht erlösen können. Darum nehmen wir Zuflucht zu der grundlosen Barmherzigkeit Gottes, begehren Gnade um Christi willen und sprechen: Gott, sei du mir Sünder gnädig.
G: Der allmächtige Gott erbarme sich unser, er vergebe uns unsere Schuld und begleite uns zum ewigen Leben. Amen.
L: Ja, guter Gott, laß deine Barmherzigkeit zu uns sprechen und hilf du unserem Leben heilsam auf. Befreie uns von aller Schuld, durch Jesus Christus, unserem Heiland und Herrn. Amen.

Liedvorschläge

Graduallied: EG 113 (EKG 87) »O Tod, wo ist dein Stachel nun?«; ein fröhliches Osterlied: EG 116 »Er ist erstanden, Halleluja«; EG 395 »Vertraut den neuen Wegen«; EG 383 »Herr, du hast mich angerührt«; EG 378 »Es mag sein, daß alles fällt«; EG 171 »Bewahre uns Gott, behüte uns Gott«.

Ein neues Lied in altem Gewand

(zu singen nach der Melodie: »Was mein Gott will, das gescheh allzeit«. Quelle: Detlev Block, Wann ist unser Mund voll Lachen? Quell Verlag, Stuttgart 1986)

1. Mein Gott, ich zweifle oft an dir. Mein Glaube möchte sehen.
   Warum läßt du in dieser Welt so vieles Leid geschehen?
   Und dennoch bleibe ich an dir, vertraue deinem Walten.
   Ich bin an meiner rechten Hand ganz fest von dir gehalten.
2. Mein Gott, ich zweifle oft an mir. Ich soll das Gute wagen.
   Warum ist meine Kraft so schwach, durchbrochen vom Verzagen?
   Und dennoch bleibe ich an dir im Schönen, wie im Schweren.
   Du leitest mich nach deinem Rat und nimmst mich an in Ehren.
3. Warum hat der Erfolg und Glück, dem Glauben nichts bedeutet?
   Warum wird dem, der dir gehorcht, oft solche Not bereitet?
   Und dennoch bleibe ich an dir, du meine höchste Gabe.
   Was gilt mir Himmel und was Welt, wenn ich nur dich, Herr, habe?
4. Und manchmal ist mein Mund verstummt vor Gram und Last und Leere.
   Ich halte meine Ohren zu, daß ich kein Wort mehr höre.
   Und dennoch bleibe ich an dir, der Armut nicht verachtet.
   Denn du bist meines Herzens Trost, noch wenn mein Herz verschmachtet.

Hinführung zum Gloria patri et filii

»Christus hat dem Tode die Macht genommen und das Leben und ein unvergängliches Wesen ans Licht gebracht durch das Evangelium.« Dieses ist unsere Hoffnung und unser Weg. Wir lassen uns von dieser guten Nachricht heute ansprechen und loben unseren Herrn und seinen Heiligen Namen:

Kyrie der Gemeinde

nach EG 178.9 (orthodoxe Liturgie Ukraine)

Oft sind meine Hoffnungen enttäuscht. Oft schon bin ich hereingefallen auf lieblose Worte anderer. Oft schon habe ich gemerkt, daß mir etwas fehlt, was mir und meinem Leben konkret aufhilft. Herr, wir bitten dich: Kyrie ...

Herr, laß uns heute dein Wort recht hören, laß uns Kraft finden zur Umkehr aus einem sorglosen Leben. Verzeihe uns unsere Lieblosigkeit und schenke uns wahres Leben von deinem Leben. Herr, wir bitten dich: Kyrie ...

Herr, laß uns die sehen, die auf uns warten, die, an denen wir vorbeigegangen sind, die, die wir meiden. Laß uns Mut finden, unser Ja zu dir zu sprechen, um dir nachzufolgen auf deinen Wegen. Herr, wir bitten dich: Kyrie ...

Überleitung zum Gloria in exelsis Deo
Gott spricht durch seinen Propheten Jesaja: »Fürchte dich nicht, denn ich habe dich erlöst, ich habe dich bei meinem Namen gerufen, du bist mein.« Das ist mein Vertrauen und meine Stärke. Dir, unserem Gott, geben wir die Ehre:

Kollektengebet
Herr, guter Gott, du möchtest, daß wir unser Leben wahrhaft vor dir, vor uns selber und vor unserem Nächsten leben. Öffne uns, Herr, die Augen für dein verborgenes Wirken an uns. Laß uns auch in unseren Sorgen und Ängsten die Nähe deines Christus erfahren. Bringe uns durch alle Aussichtslosigkeit hindurch auf seinen Weg, daß wir voller Vertrauen und mit neuem Mut ihm folgen können und zu dir finden, zum wahren Leben in Zeit und Ewigkeit. Dieses bitten wir dich im Namen Jesu Christi, unseres Heilandes und Herren, der mit dir in der Gemeinschaft des Heiligen Geistes lebet und regieret von Ewigkeit zu Ewigkeit.

Lesungen
Atl. Lesung aus den Klageliedern Jeremias 3. Kapitel; Epistel aus dem 2. Brief an Timotheus 1. Kapitel; die Epistel würde ich nach dem ersten Halleluja mit dem Psalmvers singend begleiten: »Er sendet eine Erlösung seinem Volk; er verheißt, daß sein Bund ewig bleiben soll, heftig und hehr ist sein Name.« Oder der österliche Jubelruf: »Der Herr ist auferstanden, er ist wahrhaftig auferstanden.« Die Gemeinde antwortet mit dem 2. Halleluja.

Fürbitten
Die einzelnen Fürbitten werden abgeschlossen durch den gesungenen Gebetsruf aus Taizé: »O adoramus te, o Christe!«

Gott, unser Vater, in Christus, deinem Sohn, hast du uns aus der Dunkelheit in dein Licht gerufen, daß wir dein Lob verkündigen. Wir preisen dich und beten dich an: O adoramus te, o Christe.
Mein Gott, bei dir bin ich geborgen, still wie ein Kind, bei dir finde ich Trost und Heil. Ja, zu dir hin, mein Gott, verzehrt sich meine Seele und kehrt in Frieden heim. Du willst mich herausführen aus meinen Sorgen, du schenkst mit die Kraft, das Schwere zu bestehen. Herr, laß mich Anteil finden an deinem Kraftfeld. Wir preisen dich und beten dich an: O adoramus te, o Christe.

Christus, meines Lebens Licht, laß mich so glauben und vertrauen, wie einst Martha, laß uns ihr Bekenntnis sprechen und darauf vertrauen, daß du uns aufhelfen möchtest. Oft spüren wir deine Begleitung erst im nachhinein. Wir danken dir, daß du uns zuhörst. Wir preisen dich und beten dich an: O adoramus te, o Christe.
Herr, unsere Gedanken sind bei all denen, die leiden und mitleiden an einer gedankenlosen Welt. Wir bitten dich für alle, die wir lieb haben und beten auch für die, die uns gram sind. Sei bei allen, die sich einsam und verlassen fühlen und sei bei denen, die deine Gegenwart bei all diesen Menschen leben. Hab Dank für das Vertrauen, das du in uns investierst. Wir preisen dich und beten dich an: O adoramus te, o Christe.
In der Stille vertrauen wir dir alles an, was wir dir selber sagen möchten in der Hoffnung, Herr, daß du auf deine Weise reagieren wirst: - Stille - Ja, Christus, du hast dem Tode die Macht genommen. Du schenkst Leben, heiles und kraftvolles Leben, ja ewiges Leben in Zeit und Ewigkeit. Dafür danken wir dir. Wir preisen dich und beten dich an: O adoramus te, o Christe. Denn dir allein gebührt das Lob und die Anbetung, heute und allezeit bis hin in deine Ewigkeit.

Schlußsegen
Jesus Christus öffne dir deine Ohren und dein Herz,
daß du sein gutes Wort in die neue Woche trägst,
daß du neuen Mut gewinnst.
Er öffne dir deine geballte Faust,
daß du Hände reichen kannst und keinen mehr bedrohst.
Er öffne dir deinen Mund und löse deine Zunge,
daß du sein Lob singen kannst
und daß dir freundliche und liebe Worte über die Lippen kommen,
die anderen gut tuen.
Christus, dein Heiland, öffne dir Türen und Wege in deine Zukunft,
daß du neu ins Leben gehen kannst, wie einst Martha aus Bethanien.
So segne dich Gott, der Vater,
durch seinen Sohn Jesus Christus
in der Kraft des Heiligen Geistes.

Vorschläge zur Predigt

Möglicher meditativer Beginn
Lazarus aus Bethanien, dem kleinen Dorf vor Jerusalem. Lazarus, Bruder der Schwestern Maria und Martha. Verwandter, Bekannter, Nachbar, ein Freund Jesu. Lazarus aus Bethanien liegt schwer krank daheim. Sie sorgen sich um ihn. Wünschen gute Besserung. Klopfen ihm auf die Schulter: Kopf hoch, Junge, es wird schon wieder. Diese Krankheit ist nicht zum Tode.

Und fragen sich insgeheim: Warum? Lazarus aus Bethanien, der Freund Jesu, stirbt, nach Tagen und Wochen der Qual. Fassungsloses Entsetzen bei denen, die ihn lieb haben. Tränen der Trauer und Wut. Ohnmacht. Diese Krankheit führt nicht zum Tode? Weinen mit den Weinenden. Lazarus aus Bethanien - begraben. Mit ihm begraben die Hoffnung auf Heilung. Hoffnung auf Leben, mit ihm dahingesunken in das Grab. Erde zur Erde. Asche zu Asche. Staub zum Staub. Die Stimme des Freundes: Komm heraus, Lazarus! Und er kommt wirklich heraus. Die Augen weit aufgerissen, wie jemand, der große Angst hat. Lazarus aus Bethanien, gefesselt von den Leichentüchern. Er ist auferweckt. Nicht wiederbelebt. Er ist mit neuem Leben Jesu belebt. Er, den Jesus lieb hatte. Er, an dem die Herrlichkeit Gottes offenbar geworden ist. Lazarus. Sein Name bedeutet: Gott hilft.

Zum möglichen weiteren Verlauf
Ich würde jetzt von ähnlichen Erlebnissen anonym berichten, die sich in vergleichbaren Situationen in der Gemeinde zugetragen haben. Zu denken wäre hier an die vielen Fragen, an die Zweifel, an das Alleingelassensein. Ich würde von der biblischen Martha berichten, die sich auf den Weg gemacht, die geglaubt hat auf Hoffnung, da nichts zu hoffen war. Martha, eine faszinierende Frau, die ein Beispiel ist für viele andere Frauen und Männer, die sich fragend und mutig zur Quelle des Glaubens vorwagen. Erzählen würde ich davon, daß Lazarus nicht in das alte verwesliche Leben zurückgekehrt ist, sondern daß er Anteil gefunden hat an dem Neuen Leben Jesu, an der Neuen Schöpfung Gottes. Diese Hoffnung ist auch der nachfolgenden Gemeinde geschenkt. Sicherlich sind ein paar Gemeindeglieder im Gottedienst, die um liebe Angehörige trauern. Ihre Lieben finden Leben in der bleibenden Gegenwart Gottes. Wir sterben nicht von Gott weg, sondern in ihn hinein (E. Lange). Ich würde zu erklären versuchen, was im Sinne Jesu präsentische und eschatlogische Auferstehung bedeutet und würde das auf unsere Situation hin auslegen. Ewiges Leben innerhalb von Zeit und Ewigkeit.
In einem weiteren Schritt möchte ich überlegen, wo Leben gefesselt ist von den Leichenbinden des schleichenden Todes. Beispiele werden mehr als genug einfallen. Drewermann würde ich zitieren, der von Menschen berichtet, die lebendig tot sind, die sich selber und anderen buchstäblich zum Gestank geworden sind. Wie können sie sich von den Mumienbinden ihrer Angst befreien lassen? Christus will zerstückeltes Leben wieder ganz und heil machen. Das ist Evangelium schlechthin, ein Evangelium, das wir nicht unter den Scheffel stellen dürfen. Es gehört wie ein Licht an die Spitze unserer Kirchtürme.

Schluß
Schließen würde ich mit der Frage Jesu an Martha: »Glaubst du das?« Diese Frage würde ich freundlich in die Gemeinde weiterreichen, so daß Frei-

räume für eigene und freundlich vorformulierte Antworten bleiben. Marthas Bekenntnis und unser Bekenntnis. Vertrauen wir darauf? Glaubst du das? Das so einzigartige Bekenntnis der Martha würde ich in meditativer Form noch einmal an den Schluß stellen und enden mit der Aussage von Chr. Blumhardt, daß wir Christenmenschen Protestleute sind gegen den Tod – für das Leben.

Kontexte

Ihr fragt
wie ist
die auferstehung der toten?
ich weiß es nicht
ihr fragt
wann ist
die auferstehung der toten?
ich weiß es nicht
ihr fragt
gibt's
eine auferstehung der toten?
ich weiß es nicht
ihr fragt
gibt's keine auferstehung der toten?
ich weiß es nicht
ich weiß
nur
wonach ihr nicht fragt:
die auferstehung derer
die leben
ich weiß
nur
wozu Er uns ruft:
zur auferstehung heute und jetzt
(Kurt Marti, Werkauswahl in fünf Bänden, aus: Namenszug mit Mond, Gedichte, © 1996 Verlag Nagel & Kimche AG, Zürich/Frauenfeld)

Ich: – In der Sprache der Bibel bedeutet die Herrlichkeit Gottes und den Sieg Gottes über die Unterdrücker. Es bedeutet dasselbe wie die Befreiung. Als sie das Rote Meer durchschritten, von der Herrschaft der Ägypter befreit, sahen sie die Herrlichkeit Gottes, heißt es in der Bibel. Die Herrlichkeit Gottes ist jeder Sieg der Gerechtigkeit über die Ungerechtigkeit. Und in der Bibel ist diese Herrlichkeit Gottes Gott selbst, sein Sichkundgeben in der Geschichte, denn der Gott der Bibel ist seinem Wesen nach Befreiung ... Ich: – Der Tod ist wie eine Fessel, die uns festbindet, und Jesus hat bewiesen, daß er gekommen ist, um die Menschheit von dieser Fessel des Tode zu lösen. Und das tut er schon jetzt mit allen, die an ihn glauben. Aber die Christen haben zwanzig Jahrhunderte lang dasselbe geglaubt wie Martha, nämlich daß die Auferstehung am »Letzten Tag« stattfinden wird.
(Ernesto Cardenal, Das Evangelium der Bauern von Solentiname, Peter Hammer Verlag, Wuppertal 1980)

17. Sonntag nach Trinitatis

Annäherungen an den Predigttext Matthäus 15,21-28

Friedrich Holze

Teilbare oder ungeteilte Menschenliebe?

Da brauche ich erst einmal eine Landkarte, um mich zu orientieren. Der See Genezareth, die Gegend von Tyrus und Sidon, eine kanaanäische Frau - das sagt mir erst einmal wenig oder gar nichts. Was ich verstanden habe, ist nur: Die Frau war eine Nicht-Jüdin. Aber das macht mich total wütend. Wie kann Jesus einen solchen Menschen mit einem »Hund« vergleichen? Wenn man im Orient jemand beschimpft: »Du Sohn einer Hündin!«, dann ist das die größte Abqualifizierung, die sich denken läßt. Wie Jesus sich zu dieser Frau verhält, ist eine Intoleranz, die zum Himmel schreit. Außerdem: diese Beschränkung beim Helfen - die stört mich. Ich gebe zu, auch innerhalb der Kirche wird das ja im Augenblick diskutiert, kirchliche Dienstleistungen für Nicht-Mitglieder einzuschränken bzw. sie sich extra bezahlen zu lassen. Aber wurde dagegen von Kirchenoberen nicht immer wieder betont: Kirche ist eine Kirche für andere? Ist es nicht eine besondere Form von Geiz, wenn eine menschliche Gabe wie das Helfen-Können auf bestimmte Menschen begrenzt wird? Ich finde das sehr hart, wenn hier die Hilfe für eine nicht-jüdische Frau als ein »Wegwerfen« verstanden wird, als sei dies nichts wert. Ob jemand aus dem Volke Israel gesund wird oder eine kanaanäische Tochter, ist das nicht unerheblich? Kann es eine geteilte Menschenliebe geben?
Mir kommt da ein ganz anderer Gedanke. Vielleicht handelt es sich hier um ein ganz frühes Ereignis vom Anfang der Wirksamkeit Jesu, als er sich noch ausschließlich wie ein Lehrer oder Prophet seines jüdischen Volkes empfunden hat. Warum soll Jesus, der ja als Mensch auf der Erde gelebt hat, nicht eine Entwicklung durchgemacht haben? Zuerst: »Ich bin nur gesandt zu den verlorenen Schafen des Hauses Israel!« Später dann: »Gehet hin in alle Welt und predigt allen Völkern.« Es hat anscheinend eine Phase in seinem Leben gegeben, wo er sich noch nicht bewußt war, wie weit sein Auftrag geht. Ausgerechnet eine Frau, die nicht zu seinem Volk gehört, öffnet ihm dafür den Blick. Für mich ist es tröstlich zu sehen, daß auch Jesus - wie jeder andere von uns - Entwicklungen in seinem Leben durchgemacht hat und nicht einfach von Anfang an »fertig« ist!

Was mir aufstößt, ist: Es geht ganz merkwürdig durcheinander, wie die Frau im gleichen Atemzug um Hilfe für sich und um Heilung für ihre Tochter bittet. Obwohl sie eigentlich nicht um ihrer selbst willen gekommen ist, sieht sie - bewußt oder unbewußt? - ihr eigenes Schicksal eng mit der Krankheit ihrer Tochter verknüpft. Sie glaubt an die Heilkraft Jesu. Sie ist überzeugt: Auch wenn er nicht will - selbst seine »Randausstrahlung«, die »Brosamen« helfen ihr noch. Ist das Glaube, wenn ich selbst Ablehnung und Erniedrigung akzeptiere und dennoch nicht aufhöre, etwas zu erhoffen?

Jesus hat hier für mich die Stellung, die ein Guru heute hat. Das Zusammentreffen des Glaubens dieser Frau mit seiner Persönlichkeit - das ist der entscheidende Moment; eine Art positive Energie, die mobilisiert wird. Wenn sich zwei positive Energien kreuzen, dann wird etwas ausgelöst bzw. dann löst sich etwas - in unserem Fall die Verzweiflung der Frau und die Krankheit der Tochter. Beides hängt anscheinend ineinander und wird dann auch gleichzeitig geheilt.

Trotzdem hat das Ganze auch eine gefährliche Seite. Wie konnte Jesus wissen, daß die Krankheit der Tochter durch ihn heilbar war und am Ende auch geheilt wurde, daß in diesem Fall also durch Glauben etwas bewirkt werden konnte? Die Sache hätte doch auch schiefgehen können - oder verschweigt die Bibel uns mißglückte Heilungen Jesu? Auf jeden Fall wäre es interessant zu wissen, welches Krankheitsbild sich hinter der Beschreibung verbirgt, jemand würde »von einem bösen Geist geplagt«. Eine psychische Erkrankung, geistige Verwirrung, Epilepsie? Ich habe jedenfalls große Probleme damit, wenn einem durch eine solche Erzählung suggeriert wird: Du brauchst nur zu glauben, dann wird dir auch geholfen!

Was ist es eigentlich, das hier heilt? Ist es der Glaube der Frau, der die Heilung bewirkt, oder ist es die Kraft, die von Jesus ausgeht? Ist die Pointe der Geschichte: »Wenn du nur richtig glaubst, dann wirst du auch geheilt!« Oder: »Weil du großen Glauben hast, werde ich, Jesus, dazu beitragen, daß dir geschieht, was du willst!«? Im letzteren Fall wäre Heilung von der Gestalt Jesu und der Begegnung mit ihm nicht ablösbar. Aber wie könnte dann Heilung heute geschehen?

Das Gespräch wurde von einer Gruppe interessierter und zugleich (kirchen-)kritischer Erwachsener geführt.

Zum Gottesdienst

Ralf Handelsmann

Exegetisch-homiletische Skizze

Ein Ergebnis der exegetischen Forschung (Gnilka, Schweizer u. a.) scheint mir als Basis für die Arbeit mit diesem Text grundlegend zu sein. Nämlich die Erkenntnis, daß es sich im Kern um ein Lehrgespräch und nicht um eine Heilungsgeschichte (Dämonenaustreibung) handelt. Dann wird die Predigt die Frage zu beantworten haben, was will Matthäus mit seinem von Markus 7,24 ff. herkommenden Text besonders hervorheben (lehren)?
Der Text ist in sich abgeschlossen. Nach der Exposition Vers 21–23 a folgt die Jüngerbelehrung Verse 23 b–24 und das Gespräch mit der Frau selber inklusive Heilung Verse 25–28.
Das Gebiet von Tyros und Sidon ist hellenistisch geprägt. Wer dort geboren ist, ist für einen gläubigen Juden kein gleichwertiger Gesprächspartner, denn dort herrschen naturreligiöse Vorstellungen, bzw. der hellenistische Götterpantheon als Glaubensbasis vor. Nach den Auseinandersetzungen mit jüdischen Vertretern gibt es für Jesus offenbar einen Rückzug in dies Gebiet. Man darf fragen warum? Will er seine Ruhe haben, muß er Kraft tanken, ist er »urlaubsreif«? Historisch ist für Matthäus längst klar, daß die Mission weit über die Grenzen des Judentums hinausgeht. Außerdem sind auch die Judenchristen längst aus den Synagogen ausgezogen. Aber mit diesem Text geht er quasi einen Schritt zurück und postuliert, daß zu Lebzeiten Jesus von Nazareth dieser sich nur den Juden Israels zuwenden wollte, d. h. denen, die über die alttestamentliche Tradition auf den Erlöser und Messias warteten. Die Ausbreitung des Heils auf die Nichtjuden bleibt dem auferstandenen Christus und seinen Nachfolgern vorbehalten. Hier ist ein Unterschied zu Jesu Verhalten dem Hauptmann von Kapernaum gegenüber (Matthäus 8,5 ff.). Dort taucht zwar auch das Glaubensmotiv als entscheidend auf, aber dem römischen Bürger gegenüber gibt es scheinbar keine grundsätzlichen Vorbehalte von Seiten Jesu.
Die kanaanäische Frau muß sich jedenfalls sehr ins Zeug legen, bevor Jesus seinen Standpunkt aufgibt. Sie kommt schreiend, mithin ist sie existentiell betroffen, es geht um ihre Tochter (also auch eine Frau) und damit um ihr eigenes Leben. Sie hat keinen Namen, demnach ist sie als eigenständige Person nicht wichtig, sondern als Typ Mensch. Auf der einen Seite ist sie eine Heidin, Frau, Mutter einer Tochter, Bittstellerin und deshalb mit dem extrem scharfen Ausdruck »Hündin« belegt. Sie gehört in keinem Fall zu den verlorenen Schafen, den Kindern Gottes nach jüdischem Verständnis. Und auf der anderen Seite ist sie bereit, sich selbst zu erniedrigen (wer läßt sich schon gern als Hündin bezeichnen). Sie ist beharrlich, redet Jesu mit heiden- und judenchristlichen Hoheitstiteln (Herr/Sohn Davids) an und

verliert ihr Ziel nicht aus den Augen. Letztlich und entscheidend qualifiziert Jesus sie als gläubig.
Für die Predigt wird es gut sein, sie aus der Anonymität herauszuholen. Denn damit dürfte sich sowohl das intolerante Verhalten Jesu in seiner Schärfe darstellen lassen als auch der große Umbruch in seinem Verhalten der Frau gegenüber. Sie kann ihn bestenfalls vom Hörensagen kennen, ihr Glaube ist also in keinem Fall ein theologisch gut fundiertes Wissen um Gott, aus dem heraus dann Glaube gewachsen ist, sondern es kann sich nur um eine Art »blindes« Vertrauen handeln, das nach einem bestenfalls flüchtigen, persönlichen Kontakt entstanden ist. Von jedem Guru und Wunderheiler hätte sie sich aber wohl nicht aufs übelste beschimpfen lassen und trotzdem weiter gehofft. Ihre Art zu Glauben erinnert mich an das sogenannte Kinderevangelium Markus Kap. 10, besonders an den Satz: Wer das Reich Gottes nicht empfängt wie ein Kind, der wird nicht hineinkommen. Dietrich Zeilinger (Gottesdienstpraxis Reihe I. Bd. 3; 1991) hat ihren Glauben als intelligentes Vertrauen, gepaart mit schlagferiger Weisheit beschrieben. Theologisch ist bis heute unbestritten, daß Glaube eine objektive und eine subjektive Seite hat, Glaube ist ein Wagnis, aber nicht ein grundloses Wagnis, sondern ein begründetes (fides qua creditor und fides quae creditor) Wagnis. Welche Begründung für ihr Vertrauen die Frau hier hat, ist nicht bekannt. Entscheidend dürfte aber sein, daß Jesus in ihr beide Seiten sieht und deshalb den Begriff Glauben auf sie anwendet. Allein das gefühlsmäßige Vertrauen hätte Jesus sicher nicht umgestimmt, denn wie wankelmütig Menschen damit sind, hat er ja oft genug erleben müssen.
Eine Predigt wird sich mit der Frage beschäftigen müssen, was bewirkt den Umschwung in Jesu Verhalten und als Folge davon, was führt zur Heilung bzw. Austreibung des Dämons (s. a. die Annäherungen)? Für mich völlig unstrittig ist es, daß nicht der Glaube allein die Heilung bewirkt, sondern Jesus heilt. Darin ist und bleibt er frei und souverän, aber der von ihm festgestellte Glaube ist offenbar ein Faktor dafür, daß er sich einsetzt und handelt. Einen Automatismus nach dem einfachen Schema: Wer glaubt, dem wird Hilfe geschenkt, den kann es nicht geben. Jedenfalls läßt sich aus diesem Text theologisch nichts in diese Richtung herausarbeiten. Diesem möglichen Mißverständnis sollte der/die Prediger/Predigerin aber begegnen.
Braucht es so eine beharrliche Frau, die Jesus in der Phase der Regeneration zur Besinnung bringt? Erkennt er die Ungerechtigkeit seiner zunächst ausgesprochenen Ablehnung durch ihren Glauben? Geschieht hier durch die Begegnung von Jesus mit der Frau vielleicht sogar Heilung in beide Richtungen: a.) Jesus wird geheilt, indem er eine unsinnige Grenze überschreitet und b.) die Frau wird geheilt, indem, ihre Tochter und damit sie selbst eine neue Lebensgrundlage erhält (so z. B. in: Feministisch gelesen Bd. 2, Hrsg. E. R. Schmidt u. a., Zürich 1990², Seite 186 f.)?

Ich werde als homiletische Entscheidung das Thema »Grenzüberschreitung« für die Predigt wählen. Narrative Elemente scheinen mir die beste Methode zu sein, die Situation des Textes widerzuspiegeln. Für den Sprung über den garstigen Graben hinweg werde ich ein Symbol/Zeichen suchen, was die Grenzüberschreitung von Jesus und der Frau mit heute nötigen Grenzüberschreitungen verbindet.

Vorschläge zur Liturgie

Liedvorschläge

Zunächst das Wochenlied EG 346 Such, wer da will ..., EG 293 Lobt Gott den Herrn ihr Heiden ..., EG 604 Wo ein Mensch Vertrauen gibt ..., EG 585 Ich lobe meinen Gott, der aus der Tiefe mich holt ... Besonders zum Thema Grenzen überschreiten schlage ich vor: EG 390 Erneure mich, o ewigs Licht ..., EG 573 In Christus gilt nicht Ost noch West ... und EG 619 Damit aus Fremden Freunde werden. Sowie das Lied EG 612; Herr, gib mir Mut zum Brücken bauen ... Schließlich Lieder, die den bittenden Charakter der Frau aufnehmen: EG 347 Ach, bleib mit deiner Gnade und als Lied vor dem Segen EG 171 Bewahre uns Gott, behüte uns Gott ...

Zur Begrüßung

Ich schlage vor, in der Begrüßung auf jeden Fall kurz auf den Wochenspruch 1. Johannes 5,4 einzugehen, den dieser Vers kann (sinnvoll eingeführt) eine Überschrift für den ganzen Gottesdienst bilden.

Eingangsgebet

Guter Gott, der Du beständig bist über die Jahrtausende hinweg, an Dich wenden wir uns heute. Wir möchten im Glauben an Dich Grenzen in unserem Inneren und in dieser Welt überwinden. Das können wir nicht allein aus uns heraus, darum bitten wir Dich: Stärke unseren Glauben und erhöre uns, wenn wir uns dann an Dich wenden. Wir hoffen dabei auf Deinen Sohn Jesus Christus, der mit Dir und dem Heiligen Geist lebt und regiert und der auf Erden spüren konnte, wie schwer es ist, über den eigenen Schatten zu springen. Amen

Als *Psalmgebet* schlage ich Psalm 25 vor, wie er im EG 713 abgedruckt ist (selbstverständlich gesprochen im Wechsel zwischen Liturg/in und Gemeinde).

Kyriegebet

Du, lieber Gott und Vater,
ich fühle mich ziemlich elend und klein
und habe fast Angst vor Dir,

weil ich fürchte, Du könntest mir böse sein
und mich bestrafen.
Ich habe so viele Schwächen, ich mache so viele Fehler,
dann kriege ich vor mir selber einen Schreck
bis auf die Knochen.
Komm ganz dicht zu mir, lieber Gott.
Du, mein Vater,
ich bin unheimlich müde innen drin,
ich habe so viel geweint,
nachts habe ich mich stundenlang gewälzt,
mein Kopfkissen war durch und durch naß.
Rote Augen habe ich davon bekommen
und meine,
daß die ganze Welt gegen mich ist.
Mach, daß du wegkommst, du Angst.
Macht, daß ihr wegkommt, Kummer und Schwäche.
Denn Gott hört mich
und versteht mich
und kannst mir helfen.
Das weiß ich genau.

(nach Psalm 6 aus: Peter Spangenberg, Höre meine Stimme, Alle Psalmen der Bibel übertragen in die Sprache unserer Zeit, © Agentur des Rauhen Hauses, Hamburg 1995)

Fürbitten/Schlußgebet

Vorbemerkung: Den Gottesdienstbesuchern sollte deutlich gemacht werden, daß im Gebet sie selbst mindestens die Möglichkeiten haben, wie die Frau im Predigttext. Dazu gehört die Beteiligung der Gemeinde am Gebet, darum folgender Vorschlag:

Herr, Jesus Christus, du hast als Mensch angenommen, was Menschen vor dein Ohr getragen haben. Du hast dich sogar überzeugen lassen und Grenzen überschritten, darum wenden wir uns nun an dich:

Laß es geschehen, daß du uns veränderst, daß wir Grenzen überschreiten zu deinem Lob und zum Wohle aller. Wo unsere Starrköpfigkeit Zukunft behindert, da rüttle uns auf. Wir beten gemeinsam zu Dir: Herr, erbarme dich.

Wir sehen dir großen sozialen Probleme jeden Tag. Wir spüren, sie wachsen und vergiften unser Gemeinwohl. Wir bitten dich: Laß uns die Mauern um unseren Wohlstand herum kleiner machen, damit die Lebensbasis für viele gesichert bleibt. Herr, dabei sind wir schwach, das liegt uns nicht und davor haben wir auch Angst. Darum brauchen wir deine Hilfe und beten gemeinsam: Herr, erbarme dich!

Jesus, Menschen in dieser Welt richten andere zu Grunde. Es gibt geschundenes Leben, dann Rache und dann wieder neues Leid. Hilf du, daß die menschlichen Teufelskreise überwunden werden können. Das fällt allen

schwer und aus uns selbst heraus schaffen wir das zu selten. Wir wollen auf dich vertrauen und bitten dich gemeinsam: Herr, erbarme dich!
(Hier könnten sich die Bitten aus der Tagessituation heraus anschließen, dann käme schließlich ...)
Jesus Christus, wir haben alle unsere engen Grenzen, die, die selbst gesetzt sind und die, die andere uns setzen. Doch heute wollen wir aufbrechen, jeder für sich, wie die Frau damals zu dir. Darum bringen wir jetzt in der Stille vor dich, was uns fertig macht. Wir beten ... (Stille) ... Wir beten gemeinsam zu dir: Herr, erbarme dich.

Vorschlag zur Predigt

Möglicher Anfang
Wissen Sie, was ich hier habe? Können Sie es sehen? (... ein Stacheldrahtstück hochhalten ...) Ein Stück Stacheldraht. Damit werden Grenzen gesichert, an der Viehkoppel genauso, wie an den Grenzen von Staaten, Privatgrundstücken und bis vor ein paar Jahren an unserer innerdeutschen Grenze.
Stacheldraht ist zäh (sichtbar versuchen das Stück zu biegen). Haben Sie schon einmal damit gearbeitet oder versucht einen Stacheldrahtzaun zu überwinden? Ich kann mich noch gut erinnern, wie »begeistert« meine Eltern waren, wenn ich wieder mit einer kaputten Hose nach Hause kam, weil ich über einen Zaun aus solchem Stacheldraht eben nicht ohne Probleme hinweggekommen bin. Und dabei ist es vergleichsweise einfach, denn mit Mühe kann ich ihn auseinanderbiegen oder sogar zerschneiden. Das können wir Menschen, solch ein Stacheldraht ist nicht unüberwindlich.
Unser heutiger Predigttext erzählt eine Geschichte, wo eine Frau und Jesus viel schwierigere Grenzen überwinden. Sie überwinden nicht nur so einen Draht, sondern Grenzen im Kopf, die ja bekanntlich viel zäher sind als solcher Draht. Doch hören sie selbst, was bei Matthäus im 15. Kapitel aufgeschrieben steht: ... Textlesung.
Sie haben das einmal gehört, das ging schnell, darum will ich die Geschichte noch einmal kurz nacherzählen: Zwei ungewöhnliche Menschen treffen da aufeinander. Einmal Jesus, er hatte kurz vorher viel Ärger mit Vertretern der jüdischen Religion gehabt. Von denen die Nase voll, war er in nichtjüdisches Gebiet gezogen. Seine Jünger blieben natürlich immer zusammen mit ihm. Dann gibt es eine Störung.
Da erdreistet sich doch tatsächlich eine Frau aus der Gegend, Jesus zu stören. Ich nenne die Frau »Aischa« und gebe ihr damit einen Namen, der uns nicht so geläufig ist. So wird es Jesus mit ihr auch gegangen sein. Eine Nichtjüdin, natürlich eine Frau, die sichtbar erregt ist. Aischa geht es um viel. Man spürt, daß sie nicht zum Kaffee vorbeikommen will, sondern es

geht um etwas für sie Wichtiges. Aischa's Tochter ist nicht in Ordnung, ihr Leben ist bedroht und die Mutter sucht Hilfe in dieser Not. Nun kann man als Kenner des Neuen Testaments denken: Klar, jetzt kommt wieder eine Heilungsgeschichte, wie wir sie von Jesus ja kennen. Aber nein, was macht der? Eine glatte Ablehnung von seinen Jüngern und auch von ihm selbst bekommt Aischa. Und was für eine Ablehnung das ist. Die Frau wird beschimpft als »Hündin«. Sie würde mit ihrer Bitte um Hilfe den Juden, den Kindern Gottes etwas wegnehmen. So kennt man Jesus sonst eigentlich nicht. Was hat Aischa ihm getan, daß er so schroff reagiert?
Aber Aischa ist eine ungewöhnliche Frau, die gut zuhört und die schlimme Abfuhr schluckt. Sie denkt an ihre Tochter und sie hat trotz allem die Hoffnung, an der richtigen Adresse zu sein. »Ich verstehe ja, daß du mir als Frau und Angehörigen eines anderen Volkes gegenüber Vorbehalte hast,« sagt sie, »aber ich will ja niemand anderem etwas wegnehmen. Ich weiß, daß du helfen kannst und um es mit deinen Worten zu sagen: Ich bin in deinen Augen zwar nur soviel wert wie eine Hündin. Aber auch die Hunde leben von dem, was vom Tisch der Herren herabfällt. Du bist doch wohl nicht grausamer als jeder menschliche Herr, oder?«
Ihre kluge Rede bleibt nicht ohne Wirkung. Jesus läßt sich umstimmen. Natürlich ist sie keine Jüdin. Sein Argument: Ich bin von Gott nur zu den Juden gesandt, das gilt noch, aber trotzdem, sie hat ja recht. Aischa hat Jesus beeindruckt. Dadurch aufgerüttelt scheint er erst jetzt in ihr Herz zu sehen. Was er da sieht, läßt ihn die selbstgezogene Grenze überschreiten. »Frau, dein Glaube ist groß!« Das ist der entscheidende Satz. Dann, fast in einem Nebensatz, die Zusage, es soll so kommen, wie Aischa es sich wünscht.
Gute Frau Aischa, da hat sie aber etwas bewegt. Sie hat nicht nur so einen läppischen Stacheldraht durchschnitten, sondern Jesus von Nazareth, wahrer Mensch und wahrer Gott, dessen innere Grenzziehung ist verändert worden. Alle Achtung! Glaube kann offenbar sogar mehr als Berge versetzen.

Zum weiteren Verlauf

Jetzt müßte eine Transferleitung kommen, damit die Predigthörer und Hörerinnen verstehen, daß sich seit damals nur wenig geändert hat. Grenzen in den Köpfen gibt es immer noch und wenn unser Glaube an den auferstandenen Jesus Christus irgendetwas taugt, dann doch so, daß wir in den Fußstapfen der Frau menschenverachtende Grenzen (Stacheldrahtstück dabei nicht vergessen!) beseitigen können. Es sollten Beispiele gesucht werden, wo das sinnvoll ist. Diese könnten aus dem binnenkirchlichen Bereich stammen, aus der großen Weltpolitik oder aus örtlichen Problemen abgeleitet werden.
Z.B. 1. Das Problem der Grenze zwischen arm und reich in dieser Welt. Diese Grenze ist hart, manchmal unüberwindlich und sie kostet Millionen

Menschen jedes Jahr den Tod. Lippenbekenntnisse zur Überwindung gibt es viele. Doch es gibt nur wenige Ansätze, wo Menschen sich so hartnäckig wie Aischa einsetzen. Aber dann wird auch etwas bewegt. Aischa handelt und bittet, beides gehört zusammen. Es ist hart, was sie sich selbst zumutet. Wo sind wir bereit, uns solchen Zumutungen zu stellen? Könnte es sein, daß unser Gott darauf wartet, daß viele Menschen sich so hartnäckig für etwas einsetzen?

2. Das Problem von schmerzhaften Grenzen in den Familien bewegt viele, ohne daß darüber gesprochen wird. Sei es ein Streit ums Erbe, seien es unterschiedliche Lebensauffassungen zwischen den Generationen oder scheinbare »Kleinigkeiten«, die auf Dauer Familien so auseinanderdividieren können, daß eine Versöhnung unmöglich scheint. Aischa setzt sich ein für ihre Familie. Dazu gehört für sie, daß sie sich nicht zu schade ist, einen ersten Schritt zu gehen, selbst Erniedrigung akzeptiert sie. Ihr Ziel läßt sie dabei nicht aus den Augen. Viele Familienzwiste wären sicher kleiner, wenn die eigenen Grenzen im Kopf (oder im Herz) überwunden würden und Menschen einen Neuanfang suchen würden. Ich glaube, auf solchen Versuchen zur Versöhnung könnte Gottes Segen liegen.

3. Grenzen im Bereich der Kirchen sind manchmal extrem mächtig. Da werden Nichtigkeiten zum Anlaß genommen, die Ökumene zu bremsen. Da gibt es Gruppen in der Gemeinde, die mit anderen nichts zu tun haben wollen, weil die jeweils anderen zu fromm, zu modern, zu altbacken oder was auch immer sind. Es muß nicht alles gleichgemacht werden, aber Jesus macht in der Geschichte den Sprung über den damals größten denkbaren Glaubensgraben hinweg. Und wir, was könnte uns Nachfolger und Nachfolgerinnen so weit aufrütteln, die Gräben des Glaubens zu überwinden und nach den Gemeinsamkeiten zu suchen.

Nach diesen (oder anderen) konkreten Beispielen ist es wichtig, vor einem Tun-Ergehens-Zusammenhang Glaube = Heilung zu warnen. Aischa wendet sich im Glauben an Jesus und der erfüllt ihren Wunsch. Das ist nicht zu verallgemeinern. Lange nicht jedes Stoßgebet wird erhört, jedenfalls nicht so, wie wir Menschen uns das manchmal wünschen. Es wäre fatal, wenn bei scheinbaren Nichterhören der Bitten gefolgert würde: Da hat jemand zu wenig oder nicht fest genug geglaubt. Ein Hinweis auf Hiob kann reichen zu zeigen, daß Gott uns nahe ist und trotzdem auch für Christen Leid zu dieser Welt dazugehört. Der Glaube kann Berge versetzen, das ist nicht falsch, aber es ist immer noch unser Gott, der uns seine Hilfe auf seine Weise schenkt.

Die Predigthörer und Hörerinnen werden die berechtigte Frage haben, wie das Überschreiten von Grenzen angegangen werden kann. Mit Aischa's Vorbild läßt sich dazu einiges sagen. Sie macht sich selbst auf den Weg und es zeigt sich, daß das kein einfacher Weg ist. Wir leben nicht (noch nicht) im Paradies und Jesus Christus hat uns nirgendwo versprochen, uns jeden Stolperstein aus dem Weg zu räumen. Ausdauer, ein genaues Ziel vor

Augen, die ausgesprochene Bitte um Hilfe sind wichtig. Ich werde den Blick auf das Gebet richten, denn Jesus leibhaftig ansprechen, das können wir ja nicht mehr. Aber eine Ansprache an ihn, ein Gebet, wird ihn erreichen, das her uns versprochen. Zu einem solchen Gebet gehören dann keine frommen Formeln, sondern echte, ehrliche Bitten, wie Aischa sie vorgetragen hat. Gefühle, kluge Gedanken und was immer in uns Menschen ist, Aischa trägt es vor und macht uns Mut, so offen zu unserem Gott zu kommen. Hier werde ich auf die vorher angeführten Beispiele eingehen.

Möglicher Schluß

Aischa war eine tolle Frau. Etwas von ihrer Art zu haben, das wünsche ich mir. Ich weiß von Ihnen nicht, welche Grenzüberschreitungen Sie sich am meisten wünschen. Aber ich glaube fest daran, daß durch mutige eigene Schritte und der Bitte um Gottes Hilfe etwas zu bewegen ist. Das gilt in unserem eigenen Leben, in dieser Welt. Schauen Sie hier noch einmal auf dieses Stück Stacheldraht. Es ist hart und zäh und ohne Werkzeug kaum zu überwinden. Wer einen Zaun niederreißen will, der nimmt die Zange mit. Aber dann geht es auch, solch einen Draht ist zu überwinden. Jesus und Aischa damals haben viel mehr überwunden. Sie haben uns das nötige Werkzeug gezeigt. Jeder ist über seinen eigenen Schatten gesprungen, das ist beiden nicht leicht gefallen, aber Gott sei Dank, es geht. Ich wünsche Ihnen und mir, daß wir nie aufhören, solch harte und zähe Grenzen mit Gottes Hilfe anzugehen. Ich schmeiße dieses Stück Draht jetzt weg (Stacheldraht von der Kanzel fallen lassen). Er liegt am Boden, ist überwunden. Das ist möglich auch in unserem Leben.

Ich mache Ihnen dazu einen Vorschlag: Nachher im Schlußgebet vor dem Vater Unser werde ich einige Bitten laut vor Gott bringen und dann werde ich Sie ermuntern, in der Stille das vorzubringen, was Sie sich wünschen, was Sie ganz persönlich angehen möchten. Ich möchte Ihnen schon jetzt Mut machen, sich daran zu beteiligen. Gott wird bei sich aufnehmen, was Sie vorbringen. Es wird dann nicht einfach alles gut. Wie bei Aischa brauchen wir Zähigkeit und Ausdauer, aber wäre Aischa nur weinend bei ihrem Kind sitzengeblieben, nichts hätte sich bewegt. Darum: Trauen Sie sich ruhig, einen Schritt auf Aischa's Weg zu gehen. Vielleicht nicht morgen, aber irgendwann wird dann Ihre einengende Grenze so am Boden liegen wie des Stück Stacheldraht. Und das lohnt sich immer. Amen

Kontexte

Als Alternative zu meinen Predigtvorschlag könnte die Predigt als Dialog strukturiert werden, etwa zwischen der Frau damals und einem Menschen heute. Eine Ausrichtung auf feministische Gedanken (Frauen scheinen mir bis heute eher bereit als Männer, solch einen Weg zu gehen) könnte dabei für alle hilfreich sein. Jesus, der Mann, lernt von der Kanaanäerin.

Ob Hoffnung ist

Manchmal trete ich vor die Tür,
atme aus und ein, reibe die Augen,
halte Ausschau, ob Hoffnung ist.
Ich beobachte die Luft,
stelle die Färbung des Windes fest,
bestimme den Stand der Sonne
über meinem Haus,
prüfe die Verläßlichkeit der Straße.
Wo soll ich es ablesen?
Die Freundlichkeit der Passanten
ist veränderlich.
Auch die Zeitungsfrau
bringt keine Gewißheit.
Oder sollte es
am eigenen Herzschlag liegen,
am Zustand des Magen-Darm-Systems,
am Kalziumgehalt meiner kleinen Philosophie?
Die Fenster in der Nachbarschaft gucken verdächtig.

Da denke ich dann an den,
der noch im Aberglauben den Glauben sah,
die heimliche Hand nicht zurückwies,
die sein Gewand berührte,
nur sein Gewand,
um zu sehen, ob Hoffnung ist

und greife blind in den Morgen.

(Detlev Block, aus: Anhaltspunkte - Gedichte, Christliche Verlagsanstalt, Neukirchen-Vluyn)

18. Sonntag nach Trinitatis

Annäherungen an den Predigttext
Markus 12,28–34

Hans Werner Dannowski

Aus einem Gespräch mit einer Psychoanalytikerin
Die Wahrheit, daß die Liebe mehr ist als »Brandopfer und Schlachtopfer«, habe ich in den letzten Tagen unmittelbar erfahren. Ich habe gerade für den Erhalt der Gedenkstätten von Auschwitz einiges gespendet. Es ist der Versuch, mit Spenden etwas zu erledigen, was man eigentlich so nicht erledigen kann. Es bleibt ein zwiespältiges Gefühl zurück.
Die Sache mit den Opfern beeindruckt mich immer wieder. Diese schnelle Art von Opferbereitschaft: das kann man erledigen, um in Ruhe gelassen zu werden. Ich kann meine Zeit opfern, mein Engagement einsetzen. Aber dies doch häufig, um das eigene bequeme notfreie Dasein ein wenig zu rechtfertigen.
Sich auf die Liebe einlassen, das ist etwas ganz anderes. Das macht sprachlos. Etwas Ganzheitliches, Umfassendes ist darin. Und etwas Fragendes. Den Nächsten lieben finde ich übrigens einfacher als Gott lieben. Den Nächsten kann ich mir vorstellen, kann ich sehen. Diese Liebe ist gerichtet. Schließt andere aus. Gott lieben: das ist ganz emotional. Alle Lebenskräfte sind da mobilisiert. Wo schicke ich das hin? Diese Liebe ist etwas, was nichts ausschließt. Gott lieben: nicht gerichtet ist das, nichts auschließend, ermöglichend, umfassend.
Daß das Schema Jisrael das Zentrum des jüdischen Gottesdienstes und des jüdischen Glaubens ist? Ich höre Universalität heraus. Es ist universal: anzuerkennen, daß ich weder ohne den Nächsten leben kann noch ohne göttliche Obhut, die außer mir und über mir ist. Die vielen Fragen, woher das Leben kommt und wohin es geht: daß das alles einen Rahmen hat. Zentral für alle Religionen ist das und darum universal.
Übrigens: Ich würde lieber statt »Du sollst den Herrn, deinen Gott, lieben …« sagen: »Du darfst«. »Du sollst« weckt den Trotz. Das geht auf Unterwerfung, geht auf die Machtebene. Weckt ein trotziges »Nein« in mir. Ich will nicht müssen oder sollen. Ich will eingeladen sein, frei entscheiden dürfen. Mit der Sprachregelung hat sich unser Selbst- und unser Gottesverständnis verändert. Aber unverändert zentral ist die Bedeutung dieses Bibelwortes. Es ist die notwendige Voraussetzung für unser Leben.

Zum Gottesdienst

Bernd Ahrens

Exegetisch-homiletische Skizze

Israel - seit alters her steht der Begriff für Volk und Religion in einem. Zur Zeit Jesu ist allerdings eine Veränderung zu beobachten: Die Zugehörigkeit zu dem einen Gott wird zunehmend auch Angelegenheit einer bewußten Entscheidung jedes einzelnen. Vor diesem Hintergrund ist die Auseinandersetzung zwischen den unterschiedlichen religiösen Gruppierungen über den Kern des Glaubens und die wahren Maßstäbe eines glaubenskonformen Handelns sachgemäß und verständlich.
In der Person des Schriftgelehrten trifft Jesus auf einen aufrichtigen und engagierten Gesprächspartner, mit dem er sich in der Form eines klassischen Schulgesprächs über genau diese Fragen auseinandersetzt. So banal uns die Frage nach dem obersten Gebot einer monotheistischen Religion erscheinen mag (nicht von ungefähr haben die anderen Synoptiker hierin eine Fangfrage gesehen!), dem Judentum der damaligen Zeit waren hier durchaus unterschiedliche Antworten vorstellbar (z.B. Verbot des Götzendienstes, Unzucht, Töten, Gebot zum Thorastudium, der Nächstenliebe u.a.).
Jesus antwortet orthodox mit dem Hinweis auf das »Schema« (5. Mose 6,4 f.), dem monotheistischen Bekenntnis Israels und dem Gebot der Liebe zu dem einen Gott. Unbefragt ordnet er diesem dann das Gebot der Nächstenliebe (3. Mose 19,18) zu. Vers 31b macht deutlich, daß die Bezeichnung »das erste« und »das zweite« keine Rangfolge angibt, sondern beide Gebote gemeinsam allen anderen vorordnet.
Die besondere Gewichtung und gegenseitige Zuordnung dieser beiden Gebote war nichts originell Neues, sondern dürfte in Palästina aus der hellenistischen Weisheitsliteratur bekannt gewesen sein. Auch war man sich durchaus bewußt, daß diese beiden Gebote gleichsam eine Summa der beiden Tafeln des Gesetzes darstellten.
So ist es nicht erstaunlich, daß der Schriftgelehrte diese Belehrung akzeptiert. Er bestätigt Jesus durch weitere Schriftzitate, in denen er das Bekenntnis des einen Gottes deutlich von den beiden Liebesgeboten absetzt. Dadurch rücken diese dann wiederum enger zusammen und werden fast zu einer Einheit. Diese Interpretation wird von Jesus gutgeheißen.
Eines sollte bei der Predigt unbedingt beachtet werden: Immer wieder wird in der Literatur gefragt, ob Liebe überhaupt geboten werden könne; ob sie nicht vielmehr ein Produkt der Gesinnung und emotionalen Ausrichtung sei. Wer so fragt, legt die Meßlatte der Nachromantiker ans Normmaß der biblischen jüdischen Welt. Die Liebe - erst recht die Liebe zu Gott - ist nach biblischer Auffassung keine Sache des Gefühls. »Lieben ist Wollen, ist

Tun der Gebote, ist Gehorchen, zusammen mit anderen. Liebe ist Beschäftigung mit jemandem, Interesse, ist die Entscheidung, eben hiermit und mit nichts anderem seine Zeit zu verbringen. Liebe zu Gott heißt, auch heute, seine Gedanken und Gefühle um Gott (was von ihm geschrieben und gesagt ist) kreisen zu lassen.« (F. Schnutenhaus, in: A. Falkenroth, H. J. Held (Hrsg.), hören und fragen Bd. 1, Neukirchen 1978, Seite 325 f.). Von daher entspricht es dem Anliegen wie dem Stil der Perikope, sich in der Predigt mit dem rechten Verständnis von Liebe auseinanderzusetzen und nicht - wie in den Anregungen geschehen - die emotionelle Komponente zu betonen.

Das Bekenntnis zu dem einen Gott und die Auseinandersetzung mit Gott und Mensch sind keine diktatorisch gesetzten Forderungen eines eifersüchtigen göttlichen Tyrannen, sondern sie sind nicht zuletzt auch deshalb geboten, damit der Mensch in seiner Menschlichkeit heil wird (vgl. Vorschlag zur Predigt).

Folgende Erkenntnisse scheinen mir wichtig:

1. Die Liebe zu Gott ist keine Angelegenheit von Stimmungen. Es ist eine gebotene Liebe und somit ist sie frei von subjektiven Motiven.
2. Als gebotene Liebe ist sie eine Angelegenheit der Vernunft. Sie hat etwas zu tun mit Überzeugung und nicht mit Gefühl.
3. Wie die Gottesliebe, so ist auch die Nächstenliebe gebotene Liebe und unterliegt den gleichen Kriterien.
4. Durch die Zusammenkopplung beider Gebote werden Gott und Mensch aufs engste zusammengeschlossen.
5. Liebe ist unbedingt und unteilbar, weil sie das Bekenntnis des unbedingten und unteilbaren Gottes voraussetzt.
6. Liebe ist nicht Werk, sondern Tat. In ihr werden christliche Glaubenshaltungen, Lebenshaltung und Welteinstellung auf den Punkt gebracht. Dem einen Gott entspricht das eine Gebot.

Vorschläge zur Liturgie

Eingangspsalm
Psalm 1

Denkbar ist auch folgende Übertragung:

Wer falsche Ratgeber durchschaut, der ist gut dran, wer sich von schlechtem Vorbild nicht verleiten läßt und nicht Wege geht, die in Schuld enden müssen.

Gut ist dran, wer sich nicht zu denen hält, die gedankenlos über Gott daherreden und für den Glauben nur Spott haben, sondern wer nachdenkt über das, was uns helfen kann und dann weiß, was er glaubt und wofür er lebt.

Der ist wie ein Baum mit tiefen Wurzeln, der Kräfte hat, dem Wetter standzuhalten und Frucht zu tragen, wenn es an der Zeit ist.
Der verbringt sein Leben nicht nutzlos und woran er arbeitet, das wird nicht vergeblich sein.
Denn wer nach Gott fragt, der entdeckt das Leben, das ganzen Einsatz lohnt und sich bewährt.
(Fr. K. Barth / G. Grenz / P. Horst (Hrsg.), Gottesdienst menschlich, Peter Hammer Verlag, Wuppertal, Gesamtausgabe 1990)

Kyrie
Wir suchen Leben
und wissen nicht
wo
wir möchten beten
und wissen nicht
wie
wir fragen einander
und wissen nicht
wen
sagen wir es Gott
und rufen wir:
(Traugott Simon, ZGP 3/90, LT 1)

Gloria
Christus macht uns Mut.
Bittet –
so wird euch gegeben
suchet
so werdet ihr finden
klopfet an
so wird euch aufgetan.
Den Gott
der uns so einladen läßt
durch Jesus
den laßt uns loben:
(ders., ebd.)

Kollektengebet
Gib Herr,
daß ich nun nicht mehr verborgen halten will, was in mir ist, daß ich meine Gedanken nicht mehr ängstlich hüte wie Geheimnisse, die niemand wissen darf, daß ich über meine Wünsche und Begierden nicht mehr den Schleier der Heimlichkeit werfe,

gib, Herr,
daß ich mich jetzt öffne, daß ich mich dir aussetze, dir, der du wahr bist von Ewigkeit, damit auch ich wahrhaftig werde, jetzt, da du mit mir reden willst, jetzt, da ich mich aussprechen kann vor dir.
(K. Bannach und G. Raff, Gottesdienstgebete, Gütersloher Verlagshaus, Gütersloh 1977, Seite 99)

Lesungen
wie vorgeschlagen: AT - 2. Mose 20,1-7; Epistel - Epheser 4,22-32; Evangelium - Markus 2,1-12.

Schlußgebet
Du treuer Gott,
die Welt hast du geschaffen und alles, was darin lebt.
Dein Wort hast du uns gegeben, daß wir leben können und Leben bewahren.
Wir danken dir.

Wir bitten dich:
Erhalte uns bei dem einen, daß wir deinen Namen fürchten,
daß wir im Zusammenleben mit anderen ehrlich sind,
daß wir verläßlicher werden und die Treue durchhalten
zu den Menschen in unseren Familien, zu Freunden, zu allen,
die uns nahe stehen, zu unseren Nachbarn, zu den Menschen,
mit denen wir täglich zusammenarbeiten, zu den Fremden,
die unser Verständnis brauchen, zu den Menschen,
die es schwer mit sich haben, zu allen Kranken und Sterbenden.
Gott, gib unserem Leben Richtung und Sinn.
Es ist ja, Herr, dein Geschenk und Gab
mein Leib und Seel und was ich hab
in diesem armen Leben;
Damit ich's brauch zum Lobe dein,
zu Nutz und Dienst des Nächsten mein,
wollst mir dein Gnade geben!
(W. Lenzen, Werkstatt für Liturgie+Predigt, 8/95, Bergmoser+Höller Verlag, Aachen 1995, Seite 325)

Lieder
EG 277,1-5 (Herr, deine Güte) - Eingangslied
EG 194,1-3 (O Gott, du höchster Gnadenhort) - statt des Wochenliedes
EG 392,1-3+6 (Gott rufet noch) - Predigtlied
EG 397,2 (Es ist ja, Herr,) - Schlußlied

Vorschlag zur Predigt

Möglicher Anfang

Liebe Gemeinde!

Rennt Jesus da nicht offene Türen ein? Daß die Liebe zu den wichtigsten Dingen auf der Welt zählt, das ist doch so alt wie die Menschheit selber. Bis heute ist das unumstritten, und es gibt mehr als genug Krämerseelen, die auf dieser Welle schwimmen, um ihr Kapital daraus zu schlagen. Man werfe nur einen Blick in die Buchständer der Supermärkte. Liebesromane, Liebesgeschichten noch und nöcher! Und ab und an sogar ein Bändchen mit Liebesgedichten. Das verkauft sich gut, denn es ist was fürs Gemüt. Und da das Gemüt erst so richtig in Fahrt kommt, wenn's sich mit der Neugier paart, setzen auch die Illustrierten und Boulevardblätter, seit es sie gibt, auf diese Karte: Eine knallige Love-Story ist immer noch ein probates Mittel, um selbst einem angeschlagenen Blatt zu einer einigermaßen soliden Auflagenzahl zu verhelfen. Kaum ein Schlager in den Hitlisten, der sich nicht um die Liebe dreht. Kaum eine Kaffeesorte, die nicht aus Liebe zur Familie gekauft sein will. – Liebe, das ist die Nr. 1 in unserem Gefühlshaushalt. Was also soll da noch dieser Predigttext? Unterstreicht er nicht lediglich längst schon Bekanntes?

Sicherlich, liebe Gemeinde, tut er das. Aber er tut es nicht überflüssigerweise. Denn oft birgt ja gerade das Bekannte eine gehörige Portion Unbekanntes. Worte, Gesten, Symbole, die zu unserem täglichen, ja vielleicht sogar zu unserem stündlichen Umgangston gehören, schleifen sich schnell ab. Je öfter wir sie benutzen, desto weniger denken wir über sie nach. Schnell werden sie dann trübe oder gar leer.

Ein Beispiel nur: Wer denkt sich eigentlich noch etwas dabei, wenn eine Predigt mit den beiden Worten beginnt: ›Liebe Gemeinde!‹? Fühlen Sie sich dann geliebt? Oder anders gefragt: Ist unsere Gemeinde es wirklich wert, geliebt zu werden? Wenn ja, warum tun wir's dann nicht?

Die Bedeutungsspanne des Wörtchens ›Liebe‹ reicht von der heißesten Erotik bis zur sprödesten Floskel und deshalb gilt es, Klarheit zu schaffen. Was also ist eigentlich damit gemeint, wenn uns geboten wird, Gott zu lieben und den Nächsten wie dich selbst?

Zum weiteren Verlauf

Es fällt auf, daß Gottesliebe und Nächstenliebe nicht die einzigen Themen der Perikope sind. Ihnen voran stellt Jesus das Bekenntnis zu dem einen Gott. Dieses zentrale Bekenntnis des Judentums hat im Christentum – nicht zuletzt als Folge der trinitarischen Auseinandersetzungen – seine zentrale Position verloren. Dies läßt sich an Beispielen aus dem täglichen Leben leicht veranschaulichen: Das aufgeschlagene Horoskop auf dem Küchentisch oder die Fülle der käuflichen Ersatzgötter, die unser soziales Prestige absichern, lassen das Bekenntnis zu dem einen Gott zu einem reinen Lippenbekenntnis verkümmern.

Seit den Tagen des Mose aber ist es uns nicht mehr erlaubt, uns an diesem Bekenntnis vorbeizumogeln um Gottes und um unserer selbst willen. Denn wohin wir kommen, wenn wir andere Herren an die Stelle des alleinigen Gottes setzen und damit zum Nabel der Welt erklären, das hat Europa seit den Tagen der Nazidiktatur bitter zu spüren bekommen. Solange wir aber Gott als den alleinigen Herrn bekennen, akzeptieren wir auch den Platz, auf den wir hingehören: an die Seite von Schwester und Bruder Mensch inmitten dieser Schöpfung und beileibe nicht ihr gegenüber.
Nachdem die Rollen klar definiert sind, folgen wir Jesus auf seinem nächsten Schritt. Ich setze voraus, daß ein Großteil der Gemeinde einen emotionalen Zugang zu dem Wort ›Liebe‹ hat. Von daher wird es zumindest befremden, daß Jesus die Liebe zu Gott mit einem unmißverständlichen »du sollst« gebietet.
Der weitere Verlauf der Predigt orientiert sich an den Punkten 1–6 der exegetisch-homiletischen Skizze. Dabei sollte keine Kampfansage gegen charismatische Gruppierungen vorgenommen werden. Vielmehr ist das Gemeindeglied bei seinem/ihrem Stolz auf die eigene Vernunft zu packen. Eine nicht emotional motivierte Liebe ist als ein *ständiges* Auseinandersetzen mit der *ganzen* eigenen Existenz zu beschreiben. Glaube und Leben vertragen – ebensowenig wie die Liebe – keine Halbheiten.

Möglicher Schluß

Nein, liebe Gemeinde, halbe Sachen sind im Reiche Gottes nicht gefragt. Es geht immer ums Ganze. Ich gestehe: Auch mir geht das gegen den Strich. Nur zu gerne suche ich den Kompromiß, bin froh, wenigstens Teilerfolge erzielt zu haben und gebe mich schnell damit zufrieden. Ums Ganze geht's bei mir im täglichen Leben so gut wie nie.
Doch halt! – Einmal, da ist es dann doch ums Ganze gegangen. Ich hatte mich verliebt in meine jetzige Frau. Da war ich mit Haut und Haaren darauf aus, auch von ihr geliebt zu werden. Halbheiten waren damals für mich undenkbar. »Alles oder Nichts« lautete die Devise, doch von dem Nichts, da wollte ich nichts wissen. Also »Alles!« – und ich gewann. Darf man sich da wundern, wenn auch Gott in Punkto Liebe alles auf eine Karte setzt? Genau das hat er ja getan, als er Jesus zu seinem Sohn erklärte und sich in ihm auf uns Menschen eingelassen hat mit Haut und Haaren – und mit allen Konsequenzen, einschließlich einem qualvollen Tod. Von welch einer Liebe zu uns muß er umgetrieben sein, daß er sich derart erniedrigt hat! »Alles oder Nichts« – darum ging es auch damals am Kreuz. Doch vom Nichts wollte Gott nichts wissen. Also »Alles!« – und er gewann. Wirklich nur er?
Seit Ostern, liebe Gemeinde, zählen wir alle zu den Gewinnern. Christus ist auferstanden, damit wir das Leben haben, ungeteilt, unzerstörbar. Auch das wieder: keine halbe Sache.
Immer geht's ums Ganze, wenn's um Gott geht. So wie es für Gott immer um's Ganze geht, wenn's um uns Menschen geht. Da geht's zu wie bei

jedem anderen Liebespaar auch. Mit Haut und Haaren hat er sich uns verschrieben.
Nun erwartet er mit Recht das gleiche von uns: daß wir uns mit Haut und Haaren verschreiben - in Liebe zu ihm wie in Liebe zueinander. Was sollte uns daran hindern, wo doch von vornherein feststeht, daß es nichts zu verlieren, aber alles zu gewinnen gibt?

Kontexte

Rabbi Hirsch von Rymanow sagte vor seinem Tod immer wieder die Worte: »Ein Gott der Treue ist und kein Harm.« Dann sagte er: »Das ist die Quintessenz der heiligen Thora, zu wissen, daß er ein Gott der Treue ist und daß also kein Harm geschieht. Ihr mögt fragen: ›Wenn dem so ist, wozu dann die ganze Thora? Es würde doch genügen, Gott hätte am Sinai den einen Vers gesagt!‹ Die Antwort ist: Kein Mensch kann dies Eine erfassen, ehe er die ganze Thora gelernt und geübt hat.«
(Martin Buber, Die Erzählungen der Chassidim, Manesse Verlag, Zürich 1949, Seite 606)

»Du darfst dich nicht gegen dieses Gefühl verhärten, denn du *sollst* lieben; du darfst aber auch nicht verzweifelt lieben, denn du *sollst* lieben. Du sollst die Liebe bewahren, und du sollst dich selbst bewahren, sollst indem du dich selbst bewahrst, die Liebe bewahren. Wo das bloß Menschliche vorwärts stürmen will, hält das Gebot an; wo das bloß Menschliche den Mut verlieren will, stärkt das Gebot; wo das bloß Menschliche matt und klug werden will, gibt das Gebot Feuer und Weisheit. Das Gebot verzehrt und verbrennt das Ungesunde in deiner Liebe; durch das Gebot aber soll's dir gelingen, sie wieder zu entflammen, wenn sie, menschlich geredet, zusammensinken wollte. Wo du meinst, dir leicht selbst raten zu können, da ziehe das Gebot mit zu Rat; wo du verzweifelt dir selbst raten willst, da sollst du das Gebot mit zu Rate ziehen; wo du aber keinen Rat weißt, soll das Gebot Rat schaffen, daß doch alles noch gut wird«.
(S. Kierkegaard, Leben und Walten der Liebe, zitiert nach: Chr. Bäumer, zur Stelle in Predigtstudien I/2, Kreuz Verlag, Stuttgart 1991, Seite 223)

Erntedankfest

Annäherungen an den Predigttext Lukas 12, (13–14) 15–21

Hartmut Wenzel

Allen Teilnehmern unseres Bibelkreises ist das Gleichnis vom reichen Kornbauern bekannt. Die Grundaussage des Textes findet spontane Zustimmung: Es ist sinnlos, angesichts des Todes sein Leben durch Besitz sichern zu wollen. Weil viele Menschen in der Gefahr sind, solch ein Narr zu sein wie der Kornbauer, ist die Predigt darüber gerade heute wichtig. Einige weisen darauf hin, daß mit zunehmendem Alter die Sorge wächst, nicht genug für die Alterssicherung zurückgelegt zu haben. Um den Kindern nicht zur Last zu fallen, muß man vorsorgen. Ein Narr wird man, wenn die eigene Vorsorge größer wird als das Vertrauen in die Güte Gottes. Wir Alten, so wird gesagt, sollten jetzt schon abgeben und die Kinder beschenken, nicht erst, wenn wir tot sind.

Das Stichwort »Erbschaft« lenkt die Aufmerksamkeit auf die Verse 13+14, die Erbstreitszene. Einige sind der Meinung, die Szene mache das Gleichnis vom Kornbauern erst richtig verständlich. Aber ist die Bitte um Erbteilung Habsucht? Auch der Kornbauer, so wird entgegnet, ist nicht habsüchtig. Charakteristisch für den Habgierigen ist, daß er immer mehr haben will. Er kommt nie zur Ruhe, zum Genießen, was ja der Kornbauer gerade vorhat. Sein Fehler ist nicht die Habgier, er handelt wirtschaftlich klug. Er ist ein Narr, weil er meint, durch seinen Besitz erhielte er guten Mut. Angesichts des Sterbens kann nur Gott guten Mut geben

Das Gleichnis ist ein negatives Beispiel. Die Predigt sollte aber positiv aufzeigen, wie man von Gottes Güte lebt und kein Narr ist. Da der Text verständlich ist, hat der Prediger genügend Zeit, sich auf die wesentliche Frage zu konzentrieren: Was bedeutet es reich für Gott zu sein? Was meint dieser Reichtum, und wie lebe ich dann als einer, der kein Narr, sondern weise ist? Wie sollen wir mit unseren Schätzen, unserem Reichtum – und wir sind heute reich – umgehen? Ein Teilnehmer spricht davon, daß der Mensch nicht vom Brot allein lebt.

Das Stichwort »Brot« und der Hinweis, daß dieser Text für das Erntedankfest bestimmt ist, geben dem Gespräch eine überraschende Wende. Die Reaktion ist Kopfschütteln und Widerspruch. Am Erntedankfest, einmal im Jahr, geht es doch wirklich um das irdische Brot, um die gute Ernte, um

den Bauern, der für uns diese Ernte einbringt und um den Dank an Gott. Einige erinnern sich daran, daß über den Text schon oft am Erntedankfest gepredigt wurde. Von der Warnung vor Besitz bis zum Dank an Gott war es ein weiter Weg für den Prediger. Am Erntedankfest soll doch betont werden, daß wir auch vom täglichen Brot leben, um das wir bitten und das wir so reichlich erhalten haben. Im Vergleich mit dem Kornbauern werden die heutigen Landwirte in Schutz genommen. So positiv und wichtig das Gleichnis an sich beurteilt wird, die Verbindung aber mit dem Erntedankfest erscheint als ein Versuch, diesem Fest jede Freude zu nehmen. Der Hinweis einer Teilnehmerin, der fehlende Dank des Kornbauern sei das Thema dieses Textes, wird als gekünstelte Beziehung abgelehnt.
Es gibt so viele Texte in der Bibel, besonders im AT, in denen der Dank für Gottes Schöpfung und für Gottes Gnade wunderbar zum Ausdruck kommen. Gerade in unserer Zeit, in der die Schöpfung bedroht ist, ist der Erntedanktag ein ganz wichtiges Fest, an dem nicht über die Gefahren des Reichtums, sondern über den behutsamen Umgang mit den uns geschenkten Gaben gesprochen werden soll. Eine Predigt, in deren Zentrum nicht der Erntedank steht, wird abgelehnt. »Wenn wir schon mitreden können«, so ist die endgültige Meinung, »dann sollten die Leute, die diesen Text für das Erntedankfest ausgesucht haben, wissen, daß sie mit dem Text die falsche Wahl getroffen haben«.
Es gibt genug geeignete Texte, die uns in den Dank gegenüber dem Schöpfer einstimmen lassen und genug andere Sonntage, an denen über den wichtigen Text Lk 12,13–14 gepredigt werden kann.

Zum Gottesdienst

Dieter Schupp

Exegetisch-homiletische Skizze

In der Geschichte der Auslegung wird der arme »Reiche Kornbauer« als Prototyp dargestellt für:
Grenzenlose Maßlosigkeit
Raffende Vorratswirtschaft
Unsensible Eigenbrödelei
Geiz und kapitalistische Habgier
Psychisch krankmachende Genußsucht usw.
Ach, was dem armen Reichen bzw. dem reichen Armen nicht alles angehängt und vorgeworfen worden ist in der Geschichte der Auslegung dieses Gleichnisses und der christlichen Predigt!

Es ist der thesaurizon, der Schätze Sammelnde (V. 21), dessen Betätigung als pleonexia (= der Wille, mehr zu haben) erkannt und bezeichnet wird und der darauf bedacht ist, den erwirtschafteten Vorrat vorsorglich sicherzustellen.
Der pleonexia liegt die Absicht zugrunde, daß das Leben nicht durch Lebensmittel zu sichern sei, die aus einem Überfluß stammen oder die zum Leben überflüssig sind.

Wortreich drücken sich die Exegeten um kai me eis theon plouton, weil sich offensichtlich niemand von ihnen erlauben kann zu sagen: Ich weiß nicht, was »Reich sein in Gott« heißt, was »Schätze im Himmel« (Mt 6) sein sollen.
Vielleicht ein Vermögen an Freiheit, eine furchtlose Freude, ein ausgesorgtes Dasein –?

Das Gleichnis ist nicht selten unter Hinzunahme von V. 13–14 ausgelegt worden, wobei aus dem kleinen Stück theologische und politische Konsequenzen abgeleitet worden sind im Sinne der Lehre von den zwei Reichen. Erfrischend in diesem Zusammehang J. Goßners Appell (1818) nicht über dies und das zu predigen, sondern einzig gegen die Habgier.

Zurecht haben die Teilnehmer des Bibelkreises Nürnberg beobachtet, daß der für das Erntedankfest vorgeschlagene Text weithin im Negativen (»Memento mori«) verläuft.
PredigerInnen, die Bankkonten, Eigentumswohnungen, Aktienpakete, Rotweinbestände u.a. besitzen, sollten wenigstens redlich bleiben und nicht ihren Hörern Besitzsucht und Sammelleidenschaft, Maßlosigkeit, Vermessenheit, Hemmungslosigkeit vorwerfen.
Auch sollte man sich bemühen, nicht jenen aufgeweckten Theologen auf den Leim zu gehen, die die »irdischen Güter« hochschätzen unter der Bedingung freilich, daß sie eben »in usum et honorem Dei« gebraucht werden.
Reden wir stattdessen (gerade am Erntedankfest) vom »Recht des Irdischen«, zumindest sollten wir versuchen, ein paar gute Worte dafür zu finden.

Zu gern wüßte ich die Motive derer, die die Wahl trafen, am Erntedankfest über Luk 12,13–21 predigen zu lassen. Es gelang mir nicht, Zeitpunkt und Umstände der Einführung dieser Perikope irgendwo angegeben zu finden. Sollte der Materialismus abgemahnt, der Kapitalismus kritisiert werden?

Für die Predigt entscheidend sind die Antworten auf die drei Fragen:
- Wer von uns hat die Fähigkeit, sich in den »Reichen Kornbauern« einzudenken und vor allem mit ihm zu fühlen?

Wer die Frage bejahen kann, der muß sich letztlich selber anpredigen. Wer jedoch die Frage verneinen muß, der soll es sein lassen, über dieses Gleichnis überhaupt predigen zu wollen.
- Wen kennen wir, der es sich gefallen ließe, wenn wir ihm auf den Kopf zusagen würden: Du bist keinen Deut besser als der!?
- Wer gehört nicht zu denen, die sich (heimlich nur?) ins Fäustchen lachen, wenn ein Reicher (Angesehener, Hochgestellter, Eigentümer) a) auf die Nase fällt, b) bemerkt, daß auch er nur mit Wasser kocht und c) zu spüren bekommt, daß man nie die Rechnung ohne den Wirt machen sollte?
Was nun?
Den allgemeinen Erwartungen nachgeben nach dem Motto »Prügel für den Reichen«?
Gegen das Massenübel »Mißgunst« predigen und den »Neidhämmeln« die Leviten lesen?
Mit ehrlichem Bedauern feststellen, daß da einer nicht bereit ist, über den Tellerrand hinauszusehen?
In allem aber einsehen lernen: Könnte ich es mir leisten, so wäre ich wie er?

Vorschläge zur Liturgie

Zum Eingang
»Es kommt alles von Gott: Glück und Unglück, Leben und Tod, Armut und Reichtum. Den Frommen gibt Gott Güter, die bleiben; und was er verleiht, das gedeiht immer und ewig. Mancher spart und kargt und wird dadurch reich und denkt, er habe es zu etwas gebracht. Und sagt: Nun will ich mir ein gutes Leben machen, essen und trinken von dem, was ich habe, - doch er weiß nicht, daß sein Stündlein so nahe ist und daß er alles anderen lassen und sterben muß.«
(Sirach 11,14–19)

Lesung
Jakobus 2,1 ff.
Jakobus 4,13 ff.
Matthäus 6,24 ff.
Dankpsalmen

Liedvorschläge
Lob- und Danklieder
Natur- und Jahreszeiten ab EG 504

Fürbitten
Gütiger Gott, wir bitten dich:
Halte deine segnende Hand auch weiterhin über alle, die glücklich sind und erfolgreich. Über alle, die gut drauf sind, frei, begünstigt und willkommen

sind, – ohne Sorgen und in Frieden leben dürfen. Segne ihre Lebensfreude und ihre Hochgefühle, alles, was ihnen lieb und wichtig ist.
Laß ihnen aber auch aufgehen, daß sie dies alles nicht nur sich selber zu verdanken haben. Lehre sie in allem, deine Gaben dankbar zu erkennen und recht zu gebrauchen. Und sie denen zuzuwenden, die nicht glücklich sind, die karg leben müssen: Abgedrängt an einen Rand, verödet in ihren Verstecken, von allen abgeschrieben und vergessen.
Herr, unser Gott, laß sie und niemanden allein.
Wir bitten dich:
Halte deine segnende Hand über all die Menschen, hier in unserer Stadt, in unserem Land und auf der ganzen Erde: Nimm du dich derer an, die ganz unten sind, totunglücklich und erfolglos. Scheinbar keine Chance mehr haben und zu den Verlierern gehören.
Segne die Trauer ihres Herzens.
Laß ihnen dabei aufgehen, daß du ihr Beistand bist und ihre Hilfe. Belebe und erbaue sie und laß sie leibhaftig erfahren: daß vor dir nicht unbedingt die was sind, die ganz oben stehen.
Wir wollen uns von denen finden lassen, die uns brauchen, – und hoffen, daß dein Geist uns dabei die Richtung zeigt. Schenke uns die Energie und die Ausdauer, um geistreich dafür zu sorgen, daß wir fair miteinander umgehen und uns mit denen, die anders sind als wir, besser verstehen.
Wirke du durch uns, laß immer von dir hören. Nimm an den Dank, den wir dir schuldig sind, erhöre uns, wenn wir zu dir beten.

»Glaubensbekenntnis«: heute (wie damals?)
Es kommt darauf an, Erfolg zu haben um jeden Preis. Und wenn es nicht anders geht, dann eben auf Kosten eines anderen.
Es kommt darauf an, ganz vorne und ganz oben zu sein. Denn was einzig zählt, das ist der Sieg und der Gewinn.
Es kommt darauf an, zu haben. Viel und noch mehr. Und zu behalten, – notfalls mit allen Tricks und Täuschungen, mit sanfter, aber auch mit roher Gewalt.

Vorschläge zur Predigt

a) »Liebe Seele, du hast einen großen Vorrat für viele Jahre. Habe nun Ruhe, iß, trink und habe guten Mut!« (V. 19) Was ist daran so verwerflich, unmöglich und »unchristlich«, wenn jemand so denkt bzw. so redet?
Warum freuen wir (die wir das Gleichnis kennen) uns darauf, den folgenden Vers (20) zu hören – »Und Gott sprach: Du Narr! Diese Nacht wird man deine Seele von dir fordern ...«?
Tut es uns gut zu hören, daß auch die Reichen ihre Probleme haben, nicht

um schlaflose Nächte herumkommen und schließlich einsehen müssen, wie wir alle, daß »das letzte Hemd keine Taschen hat«?
Wie groß ist unsere Schadenfreude, wie gewichtig unsere Mißgunst und wie stark unsere Häme?
b) Deutschland, ein Land der Neider?
Wer sich ein bißchen rumschaut und rumhört, muß feststellen: Es gibt sehr viele Leute hierzulande, die anderen nichts gönnen; die keine Leistung anerkennen, jeden Erfolg ächten, jedes Lebensglück als Provokation auslegen. Es wird – in den Zeiten des wirtschaftlichen Niedergangs – wo ein paar wenige vom Kapital und von Zinsen aus dem Kapital leben dürfen, wo aber immer mehr keine Rücklagen und Reserven haben und ohne das nötige Kapital auskommen müssen, es wird immer öfter zu verbalen und gewalttätigen Neid-Äußerungen kommen.
c) Der »Reiche Kornbauer« in Lukas 12:
Er hat in den letzten Jahren viel gearbeitet, wohl auch Glück gehabt und mehr bekommen als zu erwarten war (gar manches ist unserem Kalkül entzogen)... Und jetzt beschließt er, nicht länger mehr zu ackern und zu rakkern, zu schaffen und zu schuften. Er geht mit sich selbst zu Rate und kommt zu dem Schluß: Es ist genug.
Sag' mir einer, warum ihm das so übel genommen wurde bzw. immer noch wird.
Wer sät, darf auch ernten! Selbstverständlich auch genießen. Jedoch: Genuß, Lebensfreude, Vergnügen, sofern sie dinglich, sinnlich und sichtbar sind, sie sind uns Menschen, Christen allzumal, seit jeher schon suspekt.
Sie sind Quelle und Grund für so manchen Rufmord.
d) Die Hauptperson ist in einer privilegierten »Pole-Position«. Was liegt näher, als daß sie eines Tages (angesichts voller Scheunen) feststellt »Ich habe mehr als genug« und sich daran erinnert, daß die Zukunft die Gegenwart von morgen ist.
So verläßt sie die Tretmühle der täglichen Routinearbeit (und ihres Rechtfertigungszwanges), um sich im wahrsten Sinne des Wortes zur Ruhe zu setzen.
Und genau das ist der Punkt!
Die Hauptperson in der biblischen Geschichte denkt an morgen, meinetwegen sogar an übermorgen, aber ohne Bilder, ohne einen Entwurf. Essen, trinken und seine Ruhe haben, das ist alles, was sie sich erhofft und verspricht. Ein Leben, das von jetzt an nur noch ordentlich zu verwalten ist. Nachdenken und Vorausdenken, Planen und Überlegen hat sie nun nicht mehr nötig.

Zeitbezogenheit:
- In der Politik findet eine kollektive Verdrängung von Zukunftsproblemen statt. Visionen, Bilder und Entwürfe sind in einer Zeit, die »Fakten, Fakten, Fakten« verkauft, aus der Mode gekommen.

- Wer im Laufe einer »Wertediskussion« an den Begriff Gerechtigkeit erinnert bzw. wer versucht, ihn für alle einzuklagen, der muß heute damit rechnen, daß ein solches Unterfangen schon im Ansatz als »Neid«-Diskussion angeprangert wird.
- Wer heutzutage brav seine Steuern zahlt, starrt mit zunehmender Verbitterung auf die Gestaltungsspielräume derer, die nicht nur genug haben, sondern die immer noch nicht genug haben und auch nie genug haben können.
- Wenig von dem, was wir z. B. im Fernsehen, in Veranstaltungssälen oder in Kirchen zu hören bekommen, beschäftigt sich wirklich mit der Zukunft. Dabei müßten die Konsequenzen, die der Gegenwart folgen werden, schon heute diskutiert und allmählich wohl auch gemeinsam eingeübt werden.

Die jungen Leute, die diese Zeit erleben werden, leben bereits: Mit und neben den Älteren, die mit ihnen zusammen essen, trinken und für Ruhe sorgen.
Merkwürdig stumm und willfährig sind sie, die jungen Leute, die vermutlich beschäftigt sind mit dem Verwalten ihrer Erbschaften, mit dem Tanz ums Goldene Kalb. Dabei wäre es höchste Zeit, daß sie den derzeit agierenden Senioren der Politk die Themenherrschaft aus der Hand nehmen und eine neue Wende einleiten. Im Staat, in der Gesellschaft, in der Kirche.
»Reiche Kornbauern«, die sich damit begnügen, gut zu essen, zu trinken und ihre Ruhe zu finden, haben wir genug! Gefragt und gesucht sind Leute, die hungrig und durstig sind, sich nicht so leicht mit den »Fakten« zufriedengeben oder sich mit Beschwichtigungen beruhigen lassen.
Der Staat, die Gesellschaft, die Kirche, Institutionen überhaupt, sie brauchen neue Inspirationen.
Und die beginnen immer dort, wo man zu der (durchaus doppeldeutig gemeinten) Erkenntnis kommt: »Ich habe jetzt genug!«

Kontexte

»Ohne Arbeit, früh bis spät / Wird dir nichts geraten / Der Neid sieht nur das Blumenbeet / aber nicht den Spaten.«
(Lioba, angelsächsische Missionarin, um 760 n. Chr.)

»Alles, was uns in der Geschichte mahnt, alles, was um uns her vor unseren Augen vorgeht ..., jede Gefahr des Todes wie jedes frohe Gefühl des Lebens möge uns dazu kräftiger hindrängen, damit wir immer mehr auch diese göttliche Stimme verstehen, - und sie nicht nötig haben uns Thoren zu schelten ...«
(Schleiermacher, Pred. Bd. II, Seite 585)

»Keine Visionen, keine Hoffnungen, kein Horizont«, so lautet eine Überschrift in der Tageszeitung »Die Rheinpfalz« vom 20. Juni 1996. Der fällige Artikel setzt sich mit dem Drama der Gegenwart auseinander. Dabei beklagt sich der Autor über die vielen »schreibenden Autisten«, über die heilige Themen - »Dreifaltigkeit« - Sex, Gewalt und Tod -, und schließlich darüber, daß die Geschichte in den 90er Jahren nur noch Schwankniveau habe.

»Was braucht der Mensch? Es wäre töricht, wenn wir behaupten wollten, er brauche gar nichts zu ›haben‹. Natürlich braucht jeder Mensch, um existieren zu können, Nahrung, Kleidung, Wohnung und die übrigen materiellen Mittel, um seinen Geist und seine Fähigkeiten zu entfalten. Aber wie das Wort ›Mittel‹ andeutet, sind all diese Dinge keine Endzwecke, sondern lediglich Hilfsmittel, um eines anderen Zweckes willen, den wir ›Sein‹ nennen wollen. Vielleicht wäre es besser, wir würden von Werden, von Entfaltung sprechen; denn der Mensch ist, was er ist. Niemand wird als Mensch geboren, er entwickelt sich erst - unter erheblicher Mitwirkung der Mitmenschen - zum Menschen.«
(I. Fetscher in: »Was der Mensch braucht, Kreuz Verlag, Stuttgart, Seite 303)

20. Sonntag nach Trinitatis

Annäherungen an den Predigttext
Markus 10,2-9 (10-16)

Frank Niemann

Ziemlich »mulmig« war mir, als ich in die beiden Gruppen ging, denen ich den Text vorlegen wollte. Eine Gruppe - in einer kirchlichen Verwaltungsstelle - erwartete eine ›ganz normale‹ Andacht zum Beginn der Arbeitswoche. Von der anderen - einem Frauen-Gesprächskreis unserer Gemeinde - wußte ich, daß zwei Teilnehmerinnen von Scheidung betroffen waren. Ich war gespannt, ob ein Gespräch wegen der zu erwartenden hohen Emotionen überhaupt zustande kommen könnte.
Den Text habe ich, wie bei den meisten Predigten auch, nur vorgelesen und mich ansonsten mit Äußerungen erklärender Art zurückgehalten.
Erste Reaktionen: »Hat Jesus das wirklich so gesagt? ... Der Text regt mich auf. Diese Verurteilung, die er enthält. Ich werde auf Schuld fixiert, wenn ich wieder heiraten will oder - wie ich - zum zweiten Mal verheiratet bin ... Wenn Jesus sonst für Witwen und Waisen eingetreten ist, kann er dann so etwas gesagt haben? Oder ist es wieder die Kirche gewesen, die dahintersteht? ... Schlimm, daß nur ein Partner verurteilt wird. Und dann diese Gesetzlichkeit. Gut, daß mir jemand diesen Abschnitt einmal länger erklärt hat. Die Frage ist für mich: Ist das Gesetz maßgebend oder die Liebe? Daß ich festgelegt werde oder ... (Beschwichtigend:) »Mich erinnert das an die Antworten von Radio Eriwan: Im Prinzip ›Ja‹, im Einzelfall anders. - Im Einzelfall müßte seelsorgerlich entschieden werden ... Wie ist der Text im Laufe der Jahrhunderte gedeutet worden? Hat die Kirche ihn nicht zulange als Machtinstrument mißbraucht? ... Wie war das eigentlich damals mit der Scheidung? Die Frau war dann ja wohl ziemlich arm dran ... Ich glaube, wir müßten einmal das Eheverständnis Jesu beleuchten. Kann er es so gemeint haben? Oder ist wirklich jede Ehe von Gott zusammengeführt? Sind es nicht oft ganz äußerliche Gründe, warum Menschen zusammenkommen?«
Zu Vers 9: »... was nun Gott zusammengeführt hat ...«: Ist das, was Jesus da sagt, bei der Trauung nicht schon abgeschafft? Ich meine, es wird ja jede dritte Ehe geschieden ... Warum können die das heute nicht mehr hören: ›Bis der Tod euch scheidet‹? Wer heiratet denkt doch nicht schon an Scheidung. Aber viele Leute lassen sich heute auch eine Hintertür offen. Nach dem Motto: versuchen können wir's mal ... Andere sagen: man sollte

zusammenbleiben … Wir werden heute nicht gern festgenagelt. Aber es wird ja auch keiner zum Heiraten gezwungen … Ich sehe in dem Abschnitt beides: einmal ist das ganz realistisch, weil es immer wieder Gründe gibt, daß Menschen sich nicht mehr verstehen. Gleichzeitig wird aber darauf bestanden, daß sie zusammenbleiben sollen, weil die Ehe Gottes Wille ist … Und Jesus sagt ja eigentlich immer nicht so genau, was man machen soll oder wie man sich entscheiden soll … Ich bin vor bald vierzig Jahren geschieden worden. Damals war es ein Makel. Und bei der Trauung habe ich auch anders gedacht. Aber ich meine immer noch, ich habe damals richtig gehandelt … Die Frage von Ehe und Scheidung wird heute leichter genommen. ›Bis der Tod euch scheidet‹, gilt nicht mehr so wie früher. Auch wenn die Paare, die sich trauen lassen, es ernst meinen. Heute spricht man eher von ›Bindung, solange die Liebe lebt‹ … Heute sind Frauen nicht mehr so abhängig von ihren Männern. Früher hätte man manches Mal weglaufen können, aber man ist eben geblieben. Ja, bei meinem Kaffeekränzchen, da habe ich das auch schon gesagt, und alle fingen an zu lachen. Die haben alle dasselbe gedacht … Damals sah es noch anders aus als heute. Heute gibt es viele Absicherungen. So ist vielleicht das, was Jesus sagt, damals auch als Fürsorge zu verstehen, um es den Leuten nicht zu leicht zu machen … Wenn es heißt: von Gott zusammengeführt – ich weiß gar nicht genau, ob es Zufall war oder Bestimmung. Wie kann man das sagen? Wenn mich ein anderer Nachbar eher gefragt hätte, wer weiß?«

»Wie war das damals eigentlich mit der Ehe? Haben die Menschen nicht ein ganz anderes Verständnis gehabt als heute? Wie wurden die sozialen Fragen gelöst, die daraus entstanden?«

»Was Jesus sagt, ist auch heute noch manchmal das Problem der Großfamilien. Wo jemand geschieden wird, da ist die ganze Familie davon betroffen und wird ausgestoßen. Ich denke da an eine kurdische Familie bei uns. Der Mann hat seine Frau mit acht Kindern sitzengelassen. Der Mann ist weg, die Frau steht allein da und wird von allen geschnitten … Vielleicht ist es die Unsicherheit Geschiedenen gegenüber. Vieles muß sich neu organisieren. Freunde teilen sich auf. Aber wie lebt denn die Frau jetzt? … Sie ist ausgestoßen aus der Gemeinschaft, wird aber von einigen Verwandten und Freunden unterstützt.«

Zu Vers 5: »… Um eures Herzens Härte«: »Das Wort von des Herzens-Härtigkeit ist mir aufgefallen. Offenbar sind wir Menschen nicht so, wie wir sein sollen. D.h. aber auch: Wir müssen für uns Lösungen finden. ›Herzens-Härtigkeit‹, das heißt für mich: weil Menschen so sind, wie sie sind, gibt es den Scheidebrief. Eigentlich war das anders gemeint mit dem ›Zusammengehören‹ … Ausnahmen gibt es sogar in der katholischen Kirche. Mein Eindruck ist aber, daß die Betroffenen Leute kennen und Beziehungen haben müssen. Wer nur auf Hilfe wartet, wird keine bekommen. Andererseits wird mir – wenn ich an Monaco denke – die Verlogenheit dieser Angelegenheit klar.«

Auf die Verse 13–16 muß ich aufmerksam machen, weil die nicht im Blick sind. Erst auf Nachfrage:
»Geht es hier um die Taufe? Was ist mit denen, die nicht als Kinder getauft werden? ... Mir ist auch das mit den Kindern aufgefallen. Hier ist Jesus fiel offener. Und ich erlebe in der Kirche das Gegenteil, die ist viel gesetzlicher. Wenn ich dran denke, wie das ist, wenn Kinder im Gottesdienst laut werden. Da stören sie plötzlich ... Mich wundert der plötzliche Übergang zu den Kindern. Aber auch in anderen Diskussionen um Scheidung wird ja schnell an die Kinder gedacht ... Kinder sind immer die Betroffenen. Nicht nur nach der Scheidung, sondern ja auch schon vorher ... Von Scheidung betroffene Kinder haben eine größere Skepsis und Vorsicht vor festen Bindungen durch Ehe oder Partnerschaft. Und überhaupt: Kinder wachsen mit Fernsehserien auf, in denen die Ehe nicht mehr ernst genommen wird, geschiedene Eltern sind dort fast normal.«
Fazit eines Teilnehmers: »Wenn ich predigen müßte, ich würde mich für den Abschnitt mit den Kindern entscheiden. Das findet eher Zustimmung und ist für die Gemeinde leichter anzunehmen.«
In einem Brief an Jesus und (s)einer Antwort haben wir zum Abschluß versucht zusammenzufassen, was uns bewegte.
Lieber Jesus, was hast du dir bloß dabei gedacht? Wir sind ziemlich ratlos. Hast du wirklich ein Zugeständnis an die Wechselhaftigkeit der Menschen gemacht? Führt Gott immer die Richtigen zusammen, dazu noch für ein ganzes Leben? Was ist, wenn es doch schief geht, darf ich mich dann nicht scheiden lassen? Komme ich dann in einen Gegensatz zu dir, oder muß ich mein Los tragen? Hast du nicht auch das ganze Elend gesehen, wenn Frauen zu dir gekommen sind, um dir ihr Leid in der Ehe zu klagen? Du warst doch sonst viel großzügiger.
Was würde Jesus antworten?
Ich mache keine Schuldzuweisungen. Auch hier gilt für mich: du sollst deinen Nächsten lieben, wie dich selbst. Ich sehe auf das ganze Leben eines Menschen und weiß, das Schuld vergeben wird. Wenn eine Ehe denn total zerstört ist, ja, vielleicht würde ich dann auch sagen: Laßt euch scheiden, und nicht: versucht unbedingt zusammenzubleiben.

Zum Gottesdienst

Christoph Schmidt-Ehmcke

Exegetisch-homiletische Skizze

Wie soll das zugehen – in einem fünfzehnminütigen Monolog etwas zu Ehe und Ehescheidung sagen? Wo anfangen, wo aufhören bei der Fülle von Ein-

fällen, Geschichten, Erfahrungen, Philosophien, Verhaltensweisen, offenbaren und heimlichen Gedanken und Träumen? Da will und kann jede und jeder mitreden. Und worüber möchten wir etwas hören?
Das Thema ist abgegrast und doch spannend, eine unendliche Geschichte, an der wir uns freuen, an der wir leiden, für die wir noch nichts Besseres gefunden haben. In den »Annäherungen« werden viele Fragen gestellt. Sie sind nicht nur ein Ausweis von Ratlosigkeit in der Gesprächsgruppe. Auch ein - verhaltener - Einspruch der Hörerinnen und Hörer wird damit angemeldet: Ja zum Prinzipiellen, doch die Welt und mein Einzelfall - sie sind nicht so!
Ich beschränke mich auf Markus 10,1-9. Die folgende Jüngerbelehrung bringt keinen neuen Gedanken, erweitert allerdings das Scheidungsverbot auf hellenistische Rechtsverhältnisse (Vers 12). Die Kindersegnung (Verse 13-16) schließt nach Art einer Haustafel an: Erst die Eltern, dann die Kinder, dann das Geld (Vers 17ff.).
Pharisäer wollen Jesus in ein Streitgespräch verwickeln. Mit ihrer Frage, ob ein Mann sich von seiner Frau scheiden dürfe, »versuchen« sie ihn, denn die Möglichkeit der Scheidung war unbestritten. Strittig war, welcher Grund dafür anzuführen sei. Die eine Auslegungsschule wollte die Scheidung auf eng begrenzte, schwerwiegende Gründe beschränken, die andere ließ die Scheidung auch dann schon zu, wenn der Mann einer schöneren Frau begegnet war.
Jesus reagiert mit einer Gegenfrage. Nicht das von Mose Erlaubte soll in Rede stehen, sondern das Gebotene. Die Pharisäer beharren auf dem Erlaubten: »Mose hat zugelassen, einen Scheidebrief zu schreiben und sich zu scheiden« (Vers 4). Damit beziehen sie sich auf 5. Mose 24,1-4. Dort ist geregelt, daß eine zum zweiten Mal - mit einem Scheidebrief aus dem Haus des Mannes verstoßene - geschiedene Frau nicht mehr zum ersten Mann zurückkehren darf. Von einer »Erlaubnis« zur Scheidung ist hier genau genommen nicht die Rede, sie wird aber einschließlich der Rechtsform »Scheidebrief« als möglich und bekannt vorausgesetzt. Die Antwort der Pharisäer gibt also das Selbstverständliche jener Zeit wieder: Es gab keine jüdische Ehe, »die nicht kurzerhand vom Manne in völlig legaler Weise durch Aushändigung eines Scheidebriefes hätte gelöst werden können.« (Billerbeck I, 319f.).
Jesus deutet die Scheidebriefregelung nicht als Erlaubnis. Sie sei »im Blick auf eure Hartherzigkeit« erlassen worden. Manche Exegeten sehen darin ein Zugeständnis an die Schwäche des Mannes. Durchzusetzen scheint sich dagegen die Deutung, daß Mose mit dieser Regelung nicht vor dem Allzumenschlichen resignieren, sondern die herzlose und einseitig den Mann begünstigende Einstellung anklagen und eindämmen wollte: Die Ausstellung des Scheidebriefes sollte der Frau einen - wenn auch minimalen - Schutz geben. Der Mann sollte sie nicht mehr nach seinem Gutdünken wegschicken können, sondern mußte ihr wenigstens unter Zeugen ein Schriftstück aushändigen, das ihr die Wiederheirat ermöglichte.

Der Wille Gottes aber ist ein anderer. In seinem Schriftbeweis zieht Jesus zwei Genesiszitate zusammen und begründet damit die Unauflöslichkeit der Ehe. In ihrem alttestamentlichen Kontext sagen beide Zitate nichts zur Ehescheidung. Erst Jesus deutet die Erschaffung von Mann und Frau und ihre Zusammenfügung zu »einem Fleisch« durch Gott so, daß damit eine Einheit entstanden ist, die niemand mehr trennen sollte. »Ein Fleisch« – der erste Geschlechtsverkehr konstituiert, so scheint es, rechtlich die Ehe. Mann und Frau sind damit »unter ein Joch gespannt«: Gemeinsam soll nun das schwere Leben bewältigt, der »Lebenskarren« gezogen werden.
Wo anfangen, wo aufhören? Die Liebe, die »Lieblingsauskunft der Theologen« (Dieter Schellong) und das Lieblingswort in der »Nachreligion« der »Liebsten-Liebe« (Ulrich Beck), kommt im Streitgespräch nicht vor. An Gottes Willen wird erinnert. Scheidung soll nicht selbstverständlich sein. Und wenn sie denn »notwendig« wird, muß der Schwache geschützt werden.
Dagegen der Idealentwurf Gottes: Zusammenbleiben, nicht trennen! Unser Seufzer: Schön wär's ja, aber jede dritte Ehe wird geschieden. Dies ist allerdings nicht sofort als Geringschätzung der Ehe zu werten. Im Gegenteil, von ihr wird sehr viel (zu viel?) erwartet.
»Was Gott zusammengefügt hat« – am Beginn der Ehe versteht man diesen Satz unmittelbar: Die einen finden darin ihr Staunen wieder darüber, sich »gefunden« zu haben, »füreinander bestimmt zu sein« (vom Schicksal?), andere bejahen gern, einander »aus Gottes Hand« zu nehmen. Wie kann diese Mitwirkung Gottes heute vermittelt werden?
Die mir zur Verfügung stehenden Exegesen und Meditationen sprechen meist von der »Schöpfungsordnung« Gottes. Vielleicht wird das Wort »Ordnung« wenig Begeisterung auslösen. Gleiches könnte man von der Formulierung erwarten, Gott habe den Menschen mit der Ehe eine »Verfassung« gegeben. Manche reden vom »Angebot Gottes«, von seiner »Vor-Gabe«, vom »Ur-Verständnis« der Ehe. Karl Barth erfaßt das Voraussein Gottes in der Ehe darin, daß nicht wir die Ehe erfunden haben, sondern daß sie uns gefunden hat.
Noch einmal – wo anfangen, wo aufhören? Die Antwort auf die Frage, gegen wen und für wen dieser Text heute ausgelegt werden sollte, wird sehr individuell ausfallen. Ich begrenze die Fülle der Möglichkeiten, indem ich meine Predigt mit zwei Beobachtungen einleite, an denen ich dann die Relevanz des Textes aufweisen möchte: Die Feier einer Scheidung vor der Türe des Familiengerichts und die Hochzeitsanzeige zweier Geschiedener mit Kindern. Zum einen: Eine Scheidung kann man nicht feiern, sie wird immer noch, zu Recht, als Versagen vor einer Lebensaufgabe betrauert. Zum andern: Die Ehe stirbt nicht aus, sie bleibt ein »paradiesisch schöner Entwurf Gottes«.
Dies habe ich bewußt »relativer« formuliert. Ich möchte die Ehe nicht verabsolutieren und damit die verstören, die jenseits dieser Institution leben

wollen oder müssen. Man kann gut und gern auch anders leben. Im Sinne jenes Zitats von F. Nietzsche im Aufsatz von Dieter Schellong (s. u. Kontexte), den anregendsten und hilfreichsten Aufsatz, den ich zum Problem gelesen habe: »Nicht die Abwesenheit von Liebe, sondern die Abwesenheit der Freundschaft macht die unglücklichen Ehen ... Der beste Freund wird wahrscheinlich die beste Gattin bekommen, weil eine gute Ehe auf dem Talent zur Freundschaft beruht.« (a. a. O., Seite 69)

Vorschläge zur Liturgie

Ich wähle Psalm 36,6 ff. als *Eingangspsalm*, statt Psalm 19 oder 119, um mit dem Lob auf die »weite« Güte und Treue Gottes zu beginnen. Das folgende Gebet nimmt diesen Gedanken auf und spricht dann von der gnädigen Grenze, die mir Gott setzt:

Bekenntnis

Vater,
diese Welt ist dein Haus.
Ich danke dir, daß ich das weiß.
Meine Freiheit wäre zu groß,
zu viel läge in meiner eigenen Hand,
zu weit wäre der Raum, in dem ich lebe,
zu lang wären die Wege zum Glück
und die Wege der Pflicht,
wäre diese Welt nicht dein Haus.

Ich danke dir, daß du ein Haus hast
für uns unstete Menschen.
Ich danke dir, daß ich Grenzen habe,
denn die Grenze, die du gesetzt hast,
ist mein Schutz, du Vater deiner Menschen.

(Jörg Zink, Wie wir beten können, Kreuz Verlag, Stuttgart, 8. Aufl., 1978, Seite 237)

Kollektengebet
Lieber Gott und Vater!
Du zeigst uns deinen Weg.
Wir aber müssen uns besinnen,
wie wir entscheiden und handeln sollen,
um deinem Willen gerecht zu werden.
Dazu hilf uns in diesem Gottesdienst.
(Liturgieentwürfe für das Kirchenjahr. Verfaßt vom Liturgischen Arbeitskreis II der Evangelischen Kirche in Hessen und Nassau, Spener Verlagsbuchhandlung, Frankfurt a. M. ⁴1995)

Fürbitte

Laßt uns beten
und unaufhörlich bitten:
um alles, was wir von Herzen wünschen,
um alles, was wir zu brauchen meinen,
bitten wir Gott, er wolle es uns geben.
Um Brot auf dem Tisch, jeden Tag,
um Speise und Trank,
um Kleidung für den Leib,
um eine gute Gesundheit,
um einen sicheren Weg,
um ein bewohnbares Haus für jeden Menschen.

Laßt uns beten
um das Licht unserer Augen,
um die Luft, die wir atmen,
um die Stimme, mit der wir sprechen,
um Sonne und Regen zu seiner Zeit,
um die Keimkraft der Natur.
Laßt uns beten
um all die selbstverständlichen Dinge,
die uns immer wieder gegeben werden
von Gott, unserem Schöpfer und Vater.

Erbitten wir auch,
was wir am meisten brauchen:
die Sympathie und Zuneigung
unserer Mitmenschen.
Wir bitten
um die Treue unserer Freunde,
um die Treue unseres Gottes,
um die Großmut aller,
die wir beleidigt haben,
um die Liebe derer, die wir lieben.

Laßt uns beten
um die sichere Zukunft unserer Kinder,
um glückliche Tage für unsere Alten,
um die Freude an unserer Arbeit,
Geduld bei Mißerfolg,
Friede auf Erden.

Für alle, die Mangel leiden
am Allernotwendigsten,
wollen wir bitten.

Um Genesung unserer Kranken,
um eine neue Chance des Lebens
für die Gescheiterten,
um Vertrauen und Energie
für die Enttäuschten.
Laßt uns beten:
Die verloren umhergehen,
mögen der Freundschaft begegnen,
und den Mißhandelten und Unbegabten
soll Recht widerfahren.

Und laßt uns beten,
daß wir selbst das Gute tun,
daß wir die Wahrheit den Lügen vorziehen,
daß wir einander nicht im Stich lassen,
wenn wir etwas dabei gewinnen,
daß wir nicht übelnehmen, was gut ist.
daß wir einander nicht verleumden
und verspotten.

Zu ihm, der unsere Fragen kennt,
bevor wir sie noch ausgesprochen haben,
beten wir:
Herr unser Gott,
nimm an unsere Fürbitten
und mach uns bereit
für alles, was von dir kommt
durch Jesus Christus, unseren Herrn.
(Huub Oosterhuis, Ganz nah ist dein Wort. Gebete und Fürbitten, Verlag Herder, Wien, 11. Aufl. 1979, Seite 34 ff.)

Lieder
EG 449 Die güldne Sonne voll Freud und Wonne, EG 302 Du meine Seele, singe; EG 133 Zieh ein zu deinen Toren, oder EG 473 Mein schönste Zier und Kleinod bist (nach der Predigt), EG 171 Bewahre uns, Gott. Auch: Morgenlied leuchtet (Morning has broken) EG 455; Kanon: Einsam bist du klein.

Lesungen
Beide Schöpfungsberichte: Gen 1,26 a und 27; Gen 2,18–25. Oder Kolosser 3,12–17

Vorschlag zur Predigt

Möglicher Anfang

Auf dem Flur des Amtsgerichts das helle Klirren von Gläsern. Eine Geburtstagsfeier in diesem ernsten Gebäude? Vor dem Saal des Familiengerichts wickeln zwei Frauen Sektgläser aus. In diesem Augenblick öffnet sich die Tür, eine Frau, hinter ihr ein Anwalt, treten heraus. Mit einer Flasche und einem Glas in der Hand laufen die beiden Frauen auf sie zu: »Willkommen in der Freiheit!«

Am schwarzen Brett der Verwaltung hängt eine zartrote Anzeige: »Nach 10 Jahren füreinander, durcheinander und miteinander wollen wir heiraten ... aus lauter Lust und Liebe, und - weil unsere Kinder (es folgen je zwei Namen) es sich so sehr wünschen.«

Die Feier der Scheidung mit Sekt auf dem Flur des Amtsgerichts - die Hochzeitsanzeige zweier Geschiedener mit einer doppelten Begründung: »Aus lauter Lust und Liebe« und »weil unsere Kinder dies so sehr wünschen« - zwei Momentaufnahmen für die Spannbreite, in der wir uns mit dem Stichwort »Ehe« und »Ehescheidung« befinden. Und weil wir uns damit auf einem Gebiet bewegen, auf dem wir alle Fachleute sind, mit tief geprägten Erfahrungen und Einstellungen, auf einem Gebiet, auf dem uns nichts gleichgültig sein kann, weil hier zentralste und riskanteste Lebensentscheidungen anstehen, weil uns die Frage: Wie hältst du es mit der Ehe? unentrinnbar angeht, darum sind wir auch so gespannt, wenn sich jemand dazu öffentlich äußern will. Oder, wie in unserer Szene, wenn er es unbedingt soll ...

Zum weiteren Verlauf

Pharisäer stellen Jesus eine Scheinfrage. Sie sind guter Dinge, haben sie doch das selbstverständliche, anerkannte Regelsystem im Rücken. Sie fragen juristisch.

Die Antwort Jesu:

» ›Ich will‹, so scheint er hier sagen zu wollen, ›mit euch keine Diskussionen über zureichende Scheidungsgründe führen. Ich glaube auch nicht, daß ihr mit Mose eine solche Diskussion so selbstbewußt hättet führen können. Er hat euch den Scheidebrief zugestanden, um einer Frau wenigstens ein Minimum an Rechtsschutz zu geben. Ihr sollt sie nicht einfach verstoßen! Wenigstens einen Scheidebrief sollt ihr - unter Zeugen - ihr aushändigen, damit sie wieder frei ist zu einer neuen Heirat! Euer Herz ist hart. Deshalb zumindest dies!

Ich aber sage euch: Euer hartes Herz kann doch nicht das Maß allen Verhaltens sein! Was immer ihr tut, sollt ihr messen an Gottes Entwurf, an seiner Grundskizze in der Schöpfung: Er hat Mann und Frau geschaffen - danke, Gott, für diese gute Idee! Und wenn nun Menschen zusammenfinden, dann ist es Gott, der sie hat sich finden lassen. Was er nun zusammengefügt hat, das soll der Mensch nicht trennen.«

Die Ehe heute – in den Grundproblemen unverändert:
Der Entwurf Gottes ist paradiesisch schön. Aber er muß jenseits von Eden gelebt werden. Die Unauflöslichkeit der Ehe prallt gegen das harte Herz. Scheidungsregelungen als Notordnung zum Schutz der Schwachen werden gefunden.
Menschen trennen sich ...
»Wer muß heute vor unserer Herzenshärte besonders in Schutz genommen werden? Immer noch die Frauen? Oder jetzt eher die Männer? ›Wir heiraten‹, hieß es in der Anzeige, ›weil unsere Kinder es sich so sehr wünschen.‹ Es sind die Kinder, die von den Erwachsenen Schutz erwarten. Und manchmal nicht bekommen, weil der Anspruch ihrer Eltern auf ihr eigenes Glück so absolut ist, daß sie darüber auch ihre Kinder opfern.«
Sie trennen sich und sie heiraten wieder ...
» ›Was aber Gott zusammengefügt hat, das soll der Mensch nicht trennen‹. Jede dritte Ehe wird heute geschieden. Darf man diesen Satz deshalb nur noch leise sprechen? Und den Tag, an dem man sich scheiden läßt, laut feiern?
›Nach 10 Jahren füreinander, durcheinander und miteinander wollen wir heiraten ...‹. Geschiedene heiraten wieder, und sie heiraten gern. Daß ihre erste Ehe die Zeit nicht überdauert hat, bleibt ein Stachel. Es ist kein Grund zum Feiern. Gottes paradiesisch schöner Entwurf – er hat seine Anziehungskraft nicht verloren.«
Aus ›lauter Lust und Liebe‹ ...
»Warum wählen die beiden Geschiedenen diese lockere, verspielte Formulierung? Lust will Ewigkeit, doch sie hängt sich zu gern nur an Augenblicke. Schon einmal haben sie einem anderen Menschen ›ewige Liebe‹ versprochen. Kommt ihnen deshalb das Wort nur so launenhaft über die Lippen? Kann ›lauter Lust und Liebe‹ ihre Ehe begründen? Welche Lust und welche Liebe?
Keine Ordnung, und wohl auch kein Gott, soll sie zwingen. Sie wollen einander bejahen aus der Tiefe ihres Herzens. Unsicher sind sie, so vermute ich, denn sie wissen nicht, wie sie dies auf Dauer stellen können.«

Möglicher Schluß
»Wir heiraten ›aus lauter Lust und Liebe‹. ›Was Gott zusammengefügt hat, soll der Mensch nicht trennen‹. Zwei Eheentwürfe. Kann man sie zusammenbringen?
Dietrich Bonhoeffer schrieb einem Brautpaar zur Trauung: ›Nicht eure Liebe trägt die Ehe, sondern von nun an trägt die Ehe eure Liebe.‹ Er meinte wohl: Erst heiratet man, weil man sich liebt. Dann lernt man zu sagen: Weil wir verheiratet sind, haben und behalten wir uns lieb!
Das Paradies in unserer Gegenwart: Menschen halten zusammen, können sich aufeinander verlassen, gewähren sich Zeit ohne Ende. Sie hören nicht auf zu glauben, daß sie füreinander bestimmt sind.«

Kontexte

Die romantische Liebe als Ehegrund

Die Individualisierung der Partnerwahl, die bereits im Mittelalter eingesetzt und den Typ der bürgerlichen Ehe hervorgebracht hatte, schritt immer weiter voran. Das Paar, das sich mit Hilfe der Kirche aus der Vormundschaft des Verwandschaftsverbandes emanzipiert hatte, löste sich nun mit Unterstützung des Staates aus der Vormundschaft der Kirche und hat inzwischen auch begonnen, die Kontrolle des Staates über seine Intimbeziehung zurückzuweisen. Die romantische Liebe, eine ganzheitliche, die ganze Person des oder der anderen meinende, sinnlich-sexuelle und seelisch-geistige Liebe wurde immer mehr zur Voraussetzung der Ehe.

Inzwischen regiert die Liebe die Ehe. Sie ist nicht nur Voraussetzung für eine Heirat, sondern sie rechtfertigt auch den Fortbestand der Beziehung. Das Absterben der Liebe ist heute hinreichender Grund zur Trennung. Selbst gemeinsame Kinder sind, wenn die Ehe als gescheitert erlebt wird, häufig kein Grund mehr für die Eltern, zusammenzubleiben. Von dem ursprünglichen ökonomischen und juristischen Korsett, den sozialen Zwängen der bürgerlichen Ehe sind nur noch Reste geblieben.

Ein Faktor, der entscheidend zur De-Institutionalisierung der Ehe und der Familie beiträgt, ist die zunehmende Entkoppelung von Paarbeziehung und Elternschaft.

(Herrad Schenk, Freie Liebe - wilde Ehe. Über die allmähliche Auflösung der Ehe durch die Liebe, C.H. Beck'sche Verlagsbuchhandlung, München 1988, 2. Aufl., S. 232 f.)

Das Scheidungsverbot als Bejahung der Grenze

Für Jesus ist das Eigentümliche des Gotteswillens, daß der Drang des Begehrens gestoppt werden soll, des Mehr-haben-Wollens, des Auch-das-noch-haben-Müssens, die ganze Unruhe des Herzens, das meint, immer weiter ausgreifen zu müssen – aus Angst, sonst zu kurz zu kommen. Bei den Jüngern Jesu soll eben das aufhören. Wo die Jünger Jesu auftauchen (und sie haben ja Jesu Botschafter zu sein), soll man nicht befürchten müssen, daß sie kommen, um zu erobern, daß sie anderen etwas wegnehmen wollen, daß sie mit gierigem Blick um sich schauen, ob hier nicht etwas zu nehmen oder zu erben sei. Mit diesem Verbot wird die Freiheit proklamiert, sich genügen zu lassen, genügsam zu sein auf der Erde und in der vergehenden Zeit; denn die Jünger Jesu haben Wichtigeres im Auge. – Da es um den Ehebruch geht, ist klar, daß hier nicht das sexuelle Begehren als solches abgelehnt wird, sondern das Begehren, das die Schranke des Sich-genügen-Lassens überschreitet …

›Was Gott zusammengefügt hat, das soll der Mensch nicht scheiden.‹ Worin vollzieht sich das Ein-Fleisch-Werden? In der geschlechtlichen Gemeinschaft? Oder im Ehekontrakt (›Vater und Mutter verlassen‹)? Oder im Zusammenleben überhaupt? Jedenfalls ist gemeint, daß etwas geschieht, das auf Grund der Art von Gottes Schöpfung nicht wieder rückgängig zu machen ist, nicht mehr aufgelöst werden kann – selbst wenn man so tut, als könnte man dies …

Die Vorstellung einer solchen irreversiblen sexuell-juristisch konstituierten Einheit ist schwer nachzuvollziehen. Die neueren Ausleger helfen ihr dadurch auf, daß sie wieder die Liebe ins Feld führen. Doch das ist eine Eintragung. Außerdem baut Liebe ja nicht nur auf, sondern zerstört auch – nicht zuletzt Kontinuität. Wenn es um die Gültigkeit einer Verbindung geht, wäre es passender, von Treue zu reden. Dann würde das Anliegen der Verläßlichkeit zur Geltung gebracht, das schon in der Ablehnung eheübergreifenden Begehrens mitschwang.

(Dieter Schellong, Die Krise der Ehe und die Weisheit der Theologie, in: Einwürfe 1, hg. von F.-W. Marquardt u. a., München 1983, Seite 74 f.)

21. Sonntag nach Trinitatis

Annäherungen an den Predigttext Matthäus 5,38-48

Eschel Alpermann

In einem Kreis von überwiegend älteren Frauen wurde der o. g. Text kommentiert. - Zu dem Eindruck, Jesus empfehle in VV. 39-42 »zum Rock auch den Mantel zu geben« und »notfalls eine zweite Meile mitzugehen«, wird spontan geäußert: »Soll man sich ausnutzen lassen?« - Frau F. beweist praktischen Lebenssinn: »Das ist auch eine Preis-Frage! Man muß auch selbst etwas haben!« - Frau N. ist gerade aus den USA (Besuch der Tochter) zurückgekehrt: »Ich bin mit vollen Koffern verreist und mit leeren zurückgekommen.« - Ihre Nachbarin, aus der ehemaligen Sowjetunion stammend: »Das ist alles richtig. Wir können es aber nicht so gut tun (wie Jesus gefordert hat).« - Frau B. mit Humor: »Man darf sich nicht zu wenig gefallen lassen!« - Frau Br. sucht das Gute zu retten: »Wenn man etwas gibt, soll man es gern tun und mit Liebe - kein ›Tamtam‹ daraus machen!« - Frau R.: »Man darf sich nicht ganz ›ausziehen‹!« Frau K. bestätigt: »Man darf sich nicht ausnutzen lassen!« - Frau F. hält an praktischer Lebensart fest: »Der Volksmund sagt: ›Zuviel Gutes ist ein Teil von Liederlichkeit‹!« - Frau Br. bleibt überzeugt: »Wenn man Gutes tut, bekommt man es immer wieder belohnt. (Also: Die ›Rechnung‹ geht doch auf!)« - Frau K. betont die moralische Verpflichtung: »Man muß halt versuchen Gutes zu tun; man muß sich immer wieder bemühen!« - Frau R. will sogar wissen: »Die Katholiken sagen: ›Dann hat man einen Platz im Himmel ...!‹« - Frau Z. sieht den Grund für die von Jesus geforderte Feindesliebe im Text verankert: »damit ihr Kinder eures Vaters im Himmel seid!« - Frau K. nochmals: »Wenn wir das alle könnten, hätten wir schon den Himmel auf Erden; aber leider ...!« Frau A. meldet hinsichtlich der ›Vollkommenheit‹ von Menschen Bedenken an: »Wie ist ›vollkommen‹ gemeint? Das geht doch nicht!« - Fast unisono die anderen: »Dann müßten wir alles richtig machen!« - »Das schaffen wir Menschen nie!« - »Ein Mensch kann nicht ›vollkommen‹ sein.« - Das Grundproblem formuliert Frau A.: »Wir sollen doch allen (!) gegenüber ›vollkommen‹ sein; auch gegenüber den Feinden!« - Frau F. (fast resignierend): »Manchmal kann ich nicht raus aus meiner Haut! Der und der liegt mir nicht! Der ist mir einfach unsympathisch!« - Frau B. mit Humor: »Das darf man eben nicht rauslassen!« Bei der Suche nach initiierbarem Frieden wird die Erinnerung an den Sonntagsgottesdienst wach: »Da reichen wir uns doch zum Zeichen des Friedens die Hand!« Nur: Was gibt es darüber hinaus? Reicht es, ein Zeichen zu setzen? - Frau A. gibt zu bedenken: »Dann müßten wir aber auch wissen, was der andere will! Man getraut sich nicht ... (sich um des Friedens willen einzumischen)!« - Frau R. berichtet daraufhin von einer konfliktträchtigen Situation. Sie frühstückt auf ihrem Balkon. Plötzlich klopft die über ihr im Hause wohnende Nachbarin ihren Teppich am Balkongeländer aus, so daß Dreckwölkchen auf den Frühstückstisch herabschweben. - Sofort bricht Erheiterung aus. Durch Zurufe werden verschiedene Lösungen für den aufbrechenden Konflikt vorgeschlagen. Doch Frau R. bleibt unterschüttert: »Ich habe der Frau X nichts gesagt; die gute Nachbarschaft im Hause war mir (langfristig) wichtiger (als eine Auseinandersetzung oder das ›Luft-ablassen‹).« - Die auf Zurückhaltung basierende ›Konfliktlösung‹ regt zu weiteren Kommentaren zur »Vollkommenheit an: »Frau R. hat aus Klugheit erst gar keine Feindschaft aufkommen lassen. Vielleicht heißt »Vollkommenheit« nicht: »Seid phantasielos!«, sondern »flexibel, klug, diplomatisch ... (?)!« So will es auch die Älteste verstanden wissen: »Statt *einem* Stück Brot lieber *zwei* Stücke Brot geben.« - Die Gruppe ist sich weitgehend einig: »Wenn es damit getan wäre, ließen sich die Probleme leicht lösen. Aber wie sieht es aus, wenn die berühmte Schmerzgrenze überschritten wird?« - Eine der Stimmen: »Wir müssen die Provokation in dem Ansinnen Jesu erfassen!« - Frau B., mit Humor, ist zuversichtlich: »Mit Humor kann man auch eine kritische Situation ›entschärfen‹!« - Diese Einsicht wird belohnt: »Humor ist auch ein Stückchen Weisheit!« Schließlich: Im »Deutschen Allgemeinen Sonntagsblatt« fand jemand eine Kurzbiographie, die auch den Kirchenaustritt der prominenten Person nicht verschwieg. Dennoch war dem Ausgetretenen das Wichtigste am Christentum: das »Gebot der Feindesliebe«! - Die Frauen einigten sich darauf, daß die Welt nicht nur so zu sehen ist, wie sie (gegenwärtig) ist (wie z. B. angesichts des anhaltenden ›Balkan-Krieges‹), sondern daß es nötig ist, nach Wegen zu suchen, wie sie so werden könnte, wie sie (unter dem Maßstab der Vollkommenheit) sein soll!

Zum Gottesdienst

Günter Berndt

Exegetisch-homiletische Skizze

In seinem Buch »Gotteswende« schreibt Heinz Zahrnt in dem Abschnitt »Lernziel Bergpredigt«: »Es gibt einen untrüglichen Prüfstein dafür, wie ernst es der Christenheit mit der anthropologischen Revolution in der

Nachfolge Jesu ist. Das ist die Frage, wie sie es mit der Bergpredigt hält.« Wird hier lediglich ein Idealbild der Gesellschaft entworfen, dessen Verwirklichung auf Erden nicht möglich ist, so wünschenswert es auch erscheint? Sind also Jesu radikale Forderungen und Zusagen unerfüllbar? Gilt also Bert Brechts Dreigroschensong: »Doch die Verhältnisse, die sind nicht so!«? Oder gilt es immer neu zu erkennen, daß die Zukunft unserer Welt gerade davon abhängt, daß diese anthropologische Revolution, also die radikale Änderung des Menschen und der Verhältnisse möglich wird.? Die Diskrepanz zwischen dem Zustand unserer Welt, im Großen wie im Kleinen und den Zusagen und Zumutungen Jesu kommt in unserem Predigttext aus der Bergpredigt besonders zum Ausdruck. Es wird in den Aussagen der »Annäherungen« deutlich: »Das schaffen wir nie!« Also: Nicht nur die Verhältnisse sind nicht so; auch der Mensch entspricht keineswegs den hier aufgestellten Ansprüchen. So gilt allgemein, daß die in Jesu Bergpredigt genannten Versprechen und Forderungen nicht erfüllbar seien. Vielmehr fragen wir uns auch, ob nicht deren Beachtung und Erfüllung gefährlich seien, würde doch Tor und Tür allen Bosheiten geöffnet. So meinte auch Martin Luther, die Bergpredigt gehöre nicht aufs Rathaus. Bis heute gilt der Konsens: Mit der Bergpredigt kann nicht regiert werden. Ich erinnere an die Warnungen der Politiker zur Zeit der Friedensbewegung. Tatsächlich: Nirgends wird die Skepsis gegenüber der Bergpredigt größer als bei der Friedensfrage. Da gilt Pazifismus als ein Schimpfwort. Pazifisten sind Träumer, Utopisten.
So wird die Bergpredigt zu einem schönen literarischen Text, zur Freude und Erbauung frommer Seelen und unschätzbares Kulturgut des Abendlandes. Doch kommt es darauf an zu begreifen, daß es sich auch heute um einen aufregenden, provozierenden, tagespolitischen Text handelt, den wir nicht seiner politischen Brisanz berauben sollten. Es stimmt: Die Verhältnisse, die sind nicht so. Auch gilt: Das gesellschaftliche Sein bestimmt das Bewußtsein. Doch gilt es, gesellschaftliches Sein, also auch unsere Verhältnisse zu verändern, was wiederum verändertes Bewußtsein voraussetzt. Also ein Teufelskreis. Und eben das ist das Thema der Bergpredigt: Der Teufelskreis wird durchbrochen. Das ist anthropologische Revolution, radikale Verwandlung des Menschen.
Als Lesung des Evangeliums habe ich darum einen weiteren Text aus der Bergpredigt ausgewählt: Matthäus 6,24–34. Hier ist für mich der Schlüssel für die Aktualisierung der Forderungen Jesu, ihrer Ermöglichung und Verwirklichung. Ihr könnt nicht zwei Herren dienen! Wer ist mit Mammon gemeint? Das ist die Welt, die vom Haben, vom Besitz bestimmt ist. Wir müßten heute sagen: Ihr könnt nicht Gott dienen und dem Kapital. Gott dienen, ihm vertrauen, sich ihm anvertrauen und nicht dem Kapital! So wird unser Leben bestimmt vom Sein, vom Angenommensein, vom Befreitsein. Nun brauchen wir nicht einzuteilen in den öffentlichen und den privaten Bereich. Die Ethik der Wandlung betrifft das privatissime

genauso wie die Politik. Das ist die Radikalität der permanenten Revolution, der Verwandlung, der Veränderung. Mit jedem ernst gemeinten »Kyrie eleison« und »absolvo te« bestätigt und bekräftigt. Gottesdienst als Buße und Anbetung. Zahrnt macht es plausibel mit der Unterscheidung von motivierender und kritisierender Liebe (siehe Kontexte). Die Bergpredigt wird nun zu einer echten Zumutung im doppelten Sinne: Zum einen ist sie Ärgernis, ja ein öffentliches Ärgernis, denn Christen sind nun nicht mehr Stützen der Gesellschaft. Zum anderen ist sie Ermutigung. Was wird uns da alles zugetraut? Frieden ist möglich! Teilen ist möglich! Veränderung ist möglich! Nicht Stützen der Gesellschaft, auch nicht nur Kritiker, sondern Veränderer.

Nun gilt es doch, von den Verhältnissen zu reden, die nicht so sind, wie es Gott mit seiner Welt vor hat. »Die Fragwürdigkeit der vorhandenen Ordnungen zu erkennen und die herrschenden Verhältnisse zu ändern.« (Zahrnt)

Da werden wir von Feindschaften und Feindbildern reden müssen. Dabei sollten wir die zwischenmenschlichen Beziehungen nicht außer acht lassen, also Feindschaften unter Nachbarn, in Familien, unter Gruppen und die mannigfachen Feindbilder und Vorurteile. Doch hüten wir uns vor einem Rückzug ins »Private«, weil wir für Bereiche von Politik und Wirtschaft nicht kompetent sind. Gewiß fehlen uns viele Einsichten in die Mechanismen des Kapitals. Doch sollten wir uns vor diesem Thema nicht drücken, auch wenn wir dabei mehr Fragen als Antworten parat haben. Wer einmal von den armen Ländern her denkt, wird unser Weltwirtschaftssystem infragestellen müssen. Wo bleibt da Gerechtigkeit? Was heißt hier Teilen? Die G7-Staaten verhandeln über die Weltwirtschaft – Welche Arroganz kommt da zutage, wenn wir bedenken, daß eben jene 7 Staaten, die Reichen, das sind wir, 10% der Weltbevölkerung ausmachen! »Was nichts kostet, ist nichts wert!«, sagt der Senator für Wissenschaft und Kultur in Berlin und begründet so die Einführung von Studiengebühren. Und bei den Kosten geht es nicht um Fleiß und Mühe, Lernen und Verzichten, sondern um Geld. Vom Schriftsteller, Schauspieler und Weltenbürger Ustinov stammt das Wort: »Ich bin schon um vieles angebettelt worden, doch noch nie um eine Spende für die Rüstung.« Das sollen nur Beispiele sein für die Aktualisierung von »Die Verhältnisse, die sind nicht so!« Der Prediger sollte überlegen, welche Aktualisierung in seiner Gemeinde zu seiner Zeit notwendig ist. Nur scheue er sich nicht vor unpopulären und politischen Aussagen. Er ist nicht auf das Grundgesetz des Staates, sondern des Reiches Gottes »vereidigt«.

Ja, die Verhältnisse, die sind nicht so und die Menschen, die sind nicht so. Da sind erst einmal wir selbst gemeint. Darum sollte die notwendige Darstellung der Verhältnisse – das Leben für und von dem Kapital – nicht als Anklage und Jammerei verstanden werden. Wir sind selbst Akteure in die-

sem Götzendienst. Um unsere Befreiung und Umkehr geht es in diesem Gottesdienst. So gilt es zu erkennen, wie weit wir unser Leben vom Haben bestimmt sein lassen, und zu erkennen, was es heißt, unser Leben davon bestimmen zu lassen, daß Gott uns gut ist und uns gut macht. Dann gehen wir anders mit uns selbst, mit den Mitmenschen und der Umwelt um. Wir entdecken das Grundgesetz des Reiches Gottes, das unwahrscheinliche Fähigkeiten freisetzt und Mut macht.
Da ist der Rock und der Mantel: In der Welt des Kapitals geht es um Wachstum und Vermehrung. Im Gottesreich lernen wir das Abgeben und das Teilen. Gott hat diese Welt ganz reich gemacht, für alle ist genug da, nur wir haben sie arm gemacht.
Da ist die Meile und die zweite zu gehen, Frondienst war das damals, den man schnell abschüttelt. Ja, Christsein als Frondienst - also: die Zeit mit anderen teilen.
Und als Gipfel der Herausforderung: die Feindesliebe! Also mit ihnen das Leben teilen: nicht das Leben absprechen, sondern zusagen. Eine hilfreiche Umschreibung dafür finde ich bei Pinchas Lapide: »Entfeindung leben?« (Gütersloher Verlagshaus 1993). Feindschaften werden nun nicht verschwiegen, Unterschiede nicht nivelliert. Entfeindung weist hin auf das Tun, den neuen Umgang mit dem Feind. Fürbittengebete sollten Schritte der Entfeindung sein (siehe Gebet aus Ravensbrück).
Abrüstung könnte ein Schwerpunkt sein, wobei ich auch an zwischenmenschliche Beziehungen denke und nicht nur an die Rüstungsindustrie. Mit Liebe jemanden »entwaffnen«.
Jedenfalls: Die Predigt sollte Mut machen: Heraus aus der Resignation, aus der politischen Abstinenz und Gleichgültigkeit. Und die Predigt kann uns die Fähigkeit zusprechen, Vorleistungen zu bringen. Der von Gott verwandelte Mensch fängt an! Kleine Schritte mit der enormen Kraft der anthropologischen Revolution. Umkehr und Glauben als Vorleistung!

Vorschläge zur Liturgie

Psalmlesung
»Liebe hast du uns ins Herz gegeben« - Psalm 4
(in: Uwe Seidel/Dietzhard Zils: Psalmen der Hoffnung. Schriftenmissionsverlag Gladbeck 1973, Seite 15)
»Menschen zerschneiden den Stacheldraht« Psalm 126
(Uwe Seidel, a. a. O., Seite 172)

Kyriegebet
Herr, unser Gott, du hast verheißen: Der Glaube an dich wird Berge versetzen. Doch uns gelingt es nicht einmal, die Schranken abzubauen, die uns

voneinander trennen. Steine der Schuld versperren unseren Weg, so daß wir nicht zueinander kommen und miteinander Frieden schaffen. - Herr, erbarme dich!
Jesus Christus, unser Bruder, deine Auferweckung schafft Hoffnung, die alles überwindet, was das Leben bedroht und die deiner Schöpfung Zukunft gewährt. Aber wir erlahmen in der Kurzatmigkeit unserer Pläne und bleiben stecken in den Grenzen unserer Phantasie und unseres Mutes. - Christus, erbarme dich!
Gott, heiliger Geist, du umgibst uns mit deinem Frieden, der auch den Feinden Liebe gewährt. Wir aber beschränken deine Liebe auf solche, die so sind und so denken wie wir. Das Fremde stört uns und macht uns Angst. Wir wehren es ab. - Herr, erbarme dich!

Lesungen
Matthäus 6,24-34 - Philipper 2,1-11 Wider die Privatisierung.

Gebet aus Ravensbrück
Friede den Menschen, die bösen Willens sind,
und ein Ende aller Rache
und allen Reden über Strafe und Züchtigung.
Die Grausamkeiten spotten allem je Dagewesenen,
sie überschreiten die Grenzen menschlichen Begreifens,
und zahlreich sind die Märtyrer.
Daher, o Gott,
wäge nicht ihre Leiden auf den Schalen
Deiner Gerechtigkeit,
fordre nicht grausame Abrechnung,
sondern schlage sie anders zu Buche:
Laß sie zugute kommen allen Henkern,
Verrätern und Spionen,
und allen schlechten Menschen,
und vergib ihnen
um des Mutes und der Seelenkraft der andern willen ...
... All das Gute sollte zählen, nicht das Böse,
Und in der Erinnerung unserer Feinde
sollten wir nicht als ihre Opfer weiterleben,
nicht als ihr Alptraum und gräßliche Gespenster,
vielmehr ihnen zu Hilfe kommen,
damit sie abstehen mögen von ihrem Wahn.
Nur dies allein wird ihnen abgefordert,
und daß wir, wenn alles vorbei sein wird,
leben dürfen als Menschen unter Menschen,
und daß wieder Friede sein möge auf dieser armen Erde

den Menschen, die guten Willens sind,
und daß dieser Friede auch zu den andern komme.

Dieses Gebet wurde im KZ Ravensbrück von einer Unbekannten auf ein Stück Packpapier geschrieben und nach der Befreiung des Lagers aufgefunden.
(aus: Gebete zum Frieden, hrsg. von Uwe Seidel und Diethard Zils, Peter Hammer Verlag Wuppertal, 1982)

Lieder

Wer teilt, der heilt (Text: Rudolf Weckerling; Mel.: Nun danket all ... 322)
Wer teilt, der heilt und bringt zurecht / das Unrecht auf der Welt; / Denn unser Gott verträgt es schlecht / wenn Geiz die Armen prellt.
Wer teilt, der lebt nicht wie ein Scheich, / den Nächsten nimmt er an; / Denn Jesus baut durch uns sein Reich, / daß jeder leben kann.
Wer teilt, der überbrückt die Kluft, / die Arm und Reich noch trennt; / denn Gottes Geist uns drängt und ruft, / weil unsre Erde brennt.
Wer teilt, der heilt von Angst, die quält, / vom Rüsten bis zum Tod; / denn Gott will Frieden für die Welt, / nötig wie's täglich Brot.
Wer teilt, und wem das Maßstab ist, / was jeder nötig hat, / der wird so frei wie Jesus Christ / für seine Liebestat.
Kommt, teilt, seid frei von Geiz und Krampf, / bis viele sind geheilt; / denn Gottes Geist führt seinen Kampf, / daß jeder sich mit-teilt.
»Komm in unsre stolze Welt« 428 – »Halleluja« 182

Vorschlag zur Predigt

Liebe Gemeinde, in der Dreigroschenoper von Bert Brecht (aus: Gesammelte Werke, © Suhrkamp Verlag, Frankfurt am Main, 1967) gibt es einen bekannten Song »Über die Unsicherheit menschlicher Verhältnisse«. Peachum, der Bettlerkönig, singt mit der Bibel in den Händen:

»Das Recht des Menschen ist's auf dieser Erden
da er doch nur kurz lebt, glücklich zu sein.
Teilhaftig all der Lust der Welt zu werden,
zum Essen Brot zu kriegen und nicht einen Stein.
Das ist des Menschen nacktes Recht auf Erden.
Doch leider hat man bisher nie vernommen,
daß einer auch sein Recht bekam – ach wo!
Wer hätte nicht gern einmal Recht bekommen.
Doch die Verhältnisse, die sind nicht so.
Ein guter Mensch sein! Ja, wer wär's nicht gern?
Sein Gut den Armen geben, warum nicht?
Wenn alle gut sind, ist sein Reich nicht fern.
Wer säße nicht sehr gern in Seinem Licht?
Ein guter Mensch sein – Ja, wer wär's nicht gern?
Doch leider sind auf diesem Sterne eben
die Mittel kärglich und die Menschen roh.
Wer möchte nicht in Fried und Eintracht leben?
Doch die Verhältnisse, die sind nicht so.«

Liebe Gemeinde, in diesen prägnanten Sätzen von Brecht ist das ganze Dilemma, das Elend unsrer Welt und auch unsrer Kirche beschrieben. Da ist der Wunsch und die Sehnsucht nach einer besseren Welt, einer Welt des Friedens und der Gerechtigkeit, wo Menschen glücklich sind, ihr Glück finden und andere glücklich machen. Sein Reich, das Gottesreich, das Himmelreich. Und da sind zum anderen die Verhältnisse, in denen wir nun einmal leben. Ungerecht geht es da zu. Reiche werden reicher, Arme ärmer. Und jeder hat so seine Feinde. Vermehrung von Besitz macht Besitzende immer geiziger, auch ängstlicher. Habenichtse träumen vom großen Losgewinn. Was gibt es da nicht täglich für Angebote: das Auto, die Traumreise. Da haben Konservative Hochkonjunktur. Es gilt festzuhalten, was einer hat und wenn es geht, dasselbe zu vermehren. Was dann einer hat, muß hinreichend abgesichert werden. Je mehr einer besitzt, je kostbarer es ist, umso größere Sicherheitsvorkehrungen sind erforderlich.
– Hier kann die Situation verdeutlicht werden mit dem reichen Mann, der mit dem Anwachsen seines Reichtums und den wertvollen Gütern sein Haus mit Zäunen, Gittern und Kameras so absichert, daß er sich ein Gefängnis geschaffen hat. Die Umwelt wird zur Bedrohung, zum Feind. Dieser reiche Mann kann ein ganzes Volk sein. Ist es gar die reiche Welt, zu der wir gehören? Ein afrikanisches Sprichwort sagt: Wer vom Wein trunken ist, wird wieder nüchtern. Wer vom Reichtum trunken ist, nicht.
So ist das, wenn wir den Mammon anbeten und der Besitz unser Leben ist. Wir werden geiziger, wir werden ängstlicher. Wir isolieren uns von anderen. Umwelt und andre werden uns zur Bedrohung. Die Entwicklung der letzten Jahre in Deutschland bis hin zur sogenannten Sparpolitik Bonns sind ein erschreckendes Beispiel für eine solche Welt des Egoismus, auch der Menschenverachtung, der Abgrenzungen und Ausgrenzungen. Das gilt für einzelne, für Gruppen, Verbände und Konzerne, für ein ganzes Volk oder gar für die reiche Welt.
... Hier sollte überlegt werden, welche aktuellen Ereignisse und Situationen wichtig sind. Z. B. erleben wir in den neuen Bundesländern, wieviel Solidarität gewichen ist. Zitat eines Gemeindegliedes: »Der raffgierige Mensch ist erzeugt worden.« Andere Themen: Ausgaben für eine Eingreiftruppe der Bundeswehr, dagegen die Schwierigkeit, ein paar Leute des Friedensdienstes in Mostar zu finanzieren. Oder: Schwerter zu Pflugscharen – diese alttestamentliche Vision hatte Gültigkeit gegenüber dem Unrechtsregime der DDR, heute aber gilt der große Zapfenstreich, der mit einer Gotteslästerung endet: »Ich bete an die Macht der Liebe, die sich in Jesus offenbart.« Ja, wo würde Jesus heute stehen?
Es gibt so viele Beispiele und Erfahrungen dieser Welt des Habens, des Festhaltens, der Verteidigung und Absicherung, daß es geboten ist, sich auf wenige Beispiele zu beschränken. Dabei sollte deutlich werden, wie sehr wir selbst darin gefangen sind, was ja auch damit bestätigt wird, daß die Unerfüllbarkeit von Jesu Forderungen auf viel Zustimmung trifft.

Hier sollte dann die Predigt mit dem Widerspruch fortfahren: Änder ung ist möglich, Frieden ist möglich. Das geschieht da, wo wir unser Leben nicht als Besitz, sondern als ein Geschenk und eine Leihgabe Gottes begreifen. Nichts gehört uns, weder unsere Sachen, noch unser Leben. Die Anbetung des Kapitals heißt totale Privatisierung, sich Gut und Macht aneignen, also rauben. Es ist der Raubzug gegen Gott und Umwelt. Die Anbetung Gottes, das Vertrauen auf ihn ist ›Enteignung‹. Was für ein schreckliches Wort aus DDR-Zeiten!? Und doch erinnert es an das Bekenntnis aus dem Philipperbrief: Jesus ist kein Privatmann, sondern entäußert sich, er teilt und heilt. Hier findet Befreiung statt. Wir bleiben nicht bei uns selbst. Wir müssen nicht im Teufelskreis der Rache weiterleben. Entfeindung leben, nennt es der Rabbiner Pinchas Lapide. Entfeindung beginnt, wo wir nicht unser Leben gegen andere auf Teufel-komm-raus durchsetzen, sondern mit ihnen teilen.

Hier könnten vom Prediger/von der Predigerin konkrete Beispiele für das Teilen genannt werden. Beispiele, die allerdings verdeutlichen, daß Christen nicht Stützen der Gesellschaft, sondern Überwinder des status quo, des gegenwärtigen Zustandes sind. Dann wird auch der Spruch des polnischen Dichters Jerzy Lec gelten: »Wer an die Quelle will, muß gegen den Strom schwimmen.«

Meine Predigt würde dann enden mit:

Liebe Gemeinde, Teilen von Besitz und Zeit und Entfeindung ist ein Anfang. Ein kleiner, kleiner Anfang von Veränderung. Aber da leuchtet schon das Himmelreich auf wie es das Evangelium, die gute Nachricht, bezeugt.

Wir fangen an. Ja, Jesus ermutigt uns, anzufangen, den Anfang zu machen. Weil wir uns nicht mit dem Abbau von Mauern zwischen Städten und Ländern begnügen, sondern mit dem Abbau der Mauern in unseren Köpfen und Herzen beginnen. Jesus mutet uns Vorleistung zu. Vorleistung als Umkehr, Umkehr zum Nächsten, wo wir dann nicht mehr sagen: Das ist nicht mein Problem. Und Vorleistung im Glauben. Denn Glauben heißt, heute tun, was morgen möglich ist.

So schwimmen wir an die Quelle gegen den Strom und lassen uns nicht beirren von der Tatsache, daß der Strom deswegen nicht die Richtung ändert.

Kontexte

Motivierende Kraft der Liebe heißt, daß sie die Justiz anhält, die Todesstrafe möglichst human zu vollstrecken – kritische Kraft, daß sie die Todesstrafe überhaupt abschafft und den gesamten Strafvollzug humanisiert. Motivierende Kraft der Liebe heißt, daß sie die Soldaten zum Kriegsdienst ermutigt – kritische Kraft, daß sie den Krieg überhaupt als ein Mittel der Politik ächtet und aus der Welt schafft. Motivierende Kraft der Liebe heißt, daß sie den Geschäftsmann zur Ehrlichkeit ermahnt –

kritische Kraft, daß sie unter Umständen ein ganzes ungerechtes Wirtschaftssystem ändern hilft. Motivierende Kraft der Liebe heißt, daß sie den Menschen die Zugehörigkeit zu ihrer Nation einschärft – kritische Kraft, daß sie nach übernationalen politischen Organisationsformen strebt. Kurzum: Die motivierende Kraft der Liebe geht vornehmlich auf die Person, setzt sie in Bewegung und gibt ihr ein gutes Gewissen; die kritische Kraft der Liebe richtet sich zugleich auf die Strukturen, stellt sie in Frage und betreibt ihre Änderung und Heilung.

Das verlangt Parteinahme für die Armen und Unterdrückten in der Welt. Darum geht die Christenheit an ihre politische Mitverantwortung für die Erhaltung der Welt stets mit einer Vorentscheidung heran: Sie sieht die Leidenden in jedem Fall im Recht und sucht sie aus ihrer Not auf Kosten ihrer reichen Unterdrücker zu befreien. Johann Baptist Metz hat diese Vorentscheidung so ausgedrückt: »Ich bin überzeugt, daß sich das Karussell der Politik eher links herum bewegen würde, wenn es sich nach der Melodie des Evangeliums, gar der Bergpredigt drehte.« Fragt sich nur, ob die Kirchen den Preis für diese Parteinahme zu zahlen bereit sind.

(Heinz Zahrnt, Gotteswende. Christsein zwischen Atheismus und neuer Religiosität, © R. Piper GmbH & Co KG, München 1989, Seiten 188/89)

22. Sonntag nach Trinitatis

Annäherungen an den Predigttext Matthäus 18,21–35

Sabine Bäuerle

Die folgenden Denk-Anstöße sind Resultat eines Gespräches mit Frauen der Luthergemeinde in Gießen, die sich regelmäßig treffen, um sich bewußt aus der Perspektive von Frauen mit biblischen Texten, theologischen Fragen und gesellschaftlich relevanten Themen auseinanderzusetzen.
Das Gleichnis vom Schalksknecht provoziert schon beim ersten Lesen. Seine Provokation liegt in einzelnen Aspekten des Gleichnisses, in denen wir uns unmittelbar wiederfinden können: Da ist die Rede von Schuld und vom Vergeben, vom lieben Geld und belastenden Schulden, vom mitmenschlichen Umgang und Machtspielen.

1. Von maßloser Güte zu maßlosem Zorn

Gott wird in Vers 35 gleichgesetzt mit dem König, der erst maßlos vergibt, um dann, bei seiner zweiten Begegnung mit dem Schalksknecht, diesen brutal zu bestrafen. Denn der Knecht hat nichts dazu gelernt, er hat seine Bewährungsprobe nicht bestanden. So gnädig und großzügig hat ihm der König vergeben, aber er selbst will von seinem Schuldner alles auf Heller und Pfennig zurück. Das ist zuviel für den König, das läßt er nicht durchgehen. Jetzt muß er bezahlen. Für alles. Und wie! Ab in den Knast, Zuchthaus der übelsten Sorte. So lange soll er dort bleiben, bis er alles bis auf den letzten Pfennig zurückbezahlt hat. Aber wie soll das gehen? Rein praktisch kann das nicht funktionieren und psychologisch gesehen auch nicht – Strafe hat als Mittel der Abschreckung und zur Läuterung noch nie geholfen. Brav sein und rechtschaffen aus Angst vor einem Gott, der mit übermächtig erhobenem Zeigefinger droht – was ist das für ein Leben?
Siebzigmal siebenmal sollen wir vergeben, antwortet Jesus dem Petrus – aber der König vergibt nur ein Mal. So maßlos gnädig kann er sein und so maßlos zornig. Kann Gott so sein? Ein unberechenbarer Herrscher und Richter, fast schizophren in seinem Handeln? Immerhin: Wenigstens hier stimmt es einmal nicht, daß man die Großen laufen läßt und die Kleinen für ihre Schulden bezahlen müssen.

2. Gesellschaftlich untragbar

Der Schalksknecht wird uns beschrieben als ein undankbarer Choleriker, charakterlos und ohne jede Verantwortung. Wie hatte er so viele Schulden machen können? Es riskieren, daß Frau und Kinder in der Schuldsklaverei enden? Wofür hat er all das Geld ausgegeben? Genaueres erfahren wir nicht, aber er wäre nicht der erste, der sein Selbstbewußtsein allein aus der Macht bezieht, die ihm sein Geld verschafft und deshalb kopflos spekuliert. Er ist ruiniert. In jeder Hinsicht. So fällt er um Gnade bettelnd dem König vor die Füße. Und er hat Erfolg. Resozialisiert kann er mit erhobenem Kopf seines Weges ziehen. Als er seinen Schuldner trifft, ist es mit seiner Beherrschung vorbei. Er geht ihm an den Hals, würgt ihn und läßt ihn einsperren, weil dieser seine Schulden nicht bezahlen kann. Keine Gnade. Kein Einsehen. Wir versuchen, Gründe für dieses Verhalten zu finden. Vielleicht hat ihn die Erfahrung, vergeben zu bekommen, nicht wirklich berührt. Einer, dem man von Kindesbeinen an übel mitspielt, der braucht mehr als eine positive Begegnung, um all die schlechten Erfahrungen seiner Lebensgeschichte aufzuwiegen. Oder ist es einfach nur so, daß es viel schwerer ist, selbst zu vergeben als vergeben zu bekommen? Daß den Mann die eigene Schuld weniger berührt als die des anderen?

Wie dem auch sei: Sein Verhalten zerstört unser Vertrauen in die Erkenntnisse der humanistischen Psychologie, daß Menschen positiv auf ihre Mitmenschen reagieren können, wenn man ihnen selbst in positiver Weise begegnet. Es stimmt nicht, daß eine oder einer konsequent Gutes tun, wenn ihnen Gutes getan wird. Ein solches Verhalten wie das des Schalksknechtes erschreckt. Wie soll mit so einer Person das Zusammenleben funktionieren? Er entsetzt, er macht Angst. Und deshalb muß er bestraft werden. Aus dem Verkehr gezogen. So gesehen wäre Vers 35 ein verständlicher, aber nicht ganz frommer Wunsch.

3. Vergebung aus Angst ist Mittäterschaft

Das Gleichnis endet mit einer Drohung: Wer nicht von Herzen vergibt, wird bestraft. Aber kann man aus Angst vergeben? Frauen tun das oft. Sie sehen nach, schauen weg, lassen zu. Sie vergeben aus Angst, verlassen, nicht mehr geliebt und anerkannt zu werden, aus Angst, geschlagen zu werden. Doch dieses Verhalten ist eine Form der Mittäterschaft, die es erst ermöglicht, daß aus Tätern Wiederholungstäter werden. Eine, die immer wieder vergibt, unterstützt dadurch ein Verhalten, das ihr schadet und sie verletzt.

Der König hat mit seiner Großzügigkeit dem Schalksknecht die Verantwortung für seine Mißwirtschaft abgenommen. Zu vergeben muß aber mehr sein als einfach vergessen und Schwamm drüber. Und: Vergebung kann nicht aus Angst geschehen. Jemandem vergeben zu können, ist keine spontane Handlung, sondern ein Prozeß, der dauern kann, ein inneres Wachsen an den Verletzungen, die es zu vergeben gilt.

Schließlich: Es gehören immer zwei dazu. Eine, die vergibt und eine, die die Vergebung annimmt. Vergebung hat zu tun mit Umkehr. In diesem aktiven Prozeß verändern sich beide und es verändert sich auch ihre Beziehung zueinander. Das heißt »aus ganzem Herzen vergeben«.

Zum Gottesdienst

Christian Schad

Exegetisch-homiletische Skizze

Die Perikope hat die Frage nach Schuld und Vergebung zum Thema, freilich unter zwei verschiedenen Aspekten. Steht im anfänglichen Dialog zwischen Petrus und Jesus (Verse 21f.) und in der sich darauf beziehenden applicatio in Vers 35 die Frage nach der Häufigkeit, der Quantität und die damit offensichtlich intendierten Grenzen der Vergebungsverpflichtung im Zentrum (»Herr, wie oft muß ich ... vergeben?«, Vers 21), so geht es dem Gleichnis um die dem Menschen im Vollzug des Hörens selbst zugespielte, qualitativ neue Möglichkeit des Seinkönnens. Nämlich zu ek-sistieren aus dem zeitlichen und sachlichen Prä der grenzenlosen Güte Gottes, die sich gerade darin verifiziert, daß sie dem anderen gegenüber kräftig in Anspruch genommen wird (Erbarmen-üben, »weil und wie ich mich über dich erbarmt habe«, Vers 33). Von daher erscheint es berechtigt, sich in der Predigt auf einen der genannten Aspekte zu konzentrieren und also den Textumfang entsprechend neu zu bestimmen. Ich entschließe mich im folgenden für die Ausführung des Gleichnisses (Verse 23-33).
Drei Szenen lassen sich darin leicht abgrenzen (vgl. W. Harnisch, Die Gleichniserzählungen Jesu. Eine hermeneutische Einführung, UTB 1343, Verlag Vandenhoeck & Ruprecht, Göttingen 1990^{2}, Seite 255 ff.):
1. Die Vorgeschichte: das Ereignis der dem Schuldner wunderbar zuteilwerdenden Liebe Gottes (Verse 23 b–27).
2. Die Nachgeschichte: die unmögliche Möglichkeit, sich die gewährte Zeit der Liebe nicht als Zeit für die Liebe zeitigen zu lassen (Verse 28–30).
3. Die Lösung: die den Irrealis der Nachgeschchte im Entsetzen der Mitknechte aufnehmende - und in die bezwingende Evidenz der Vorgeschichte wendende rhetorische Frage: »Hättest du nicht auch deinem Mitknecht gegenüber Erbarmen haben sollen, weil/wie ich Erbarmen dir gegenüber hatte?« (Verse 31-33).
Kraft dieser Frage falle ich, der gegenwärtige Hörer, die gegenwärtige Hörerin, gleichsam unversehens in die Geschichte, in die Szene selbst hinein: *Ich* bin gefragt. Ja, noch mehr: Ich habe bereits die Antwort gefunden! In

Anbetracht des erzählerischen Kunstmittels, wonach die Situation zwischen Herr und Knecht (Szene 1) der zwischen Knecht und Mitknecht (Szene 2) bis in die Wortwahl hinein exakt entspricht (vgl. Verse 26 und 29), wird der Gegensatz, die Asymmetrie im Verhalten der beiden Gläubiger um so schärfer deutlich. Wir erleben den Skandal, den die Seitenverkehrtheit und Blindheit und Vergeßlichkeit des Knechts provozieren, geradezu hautnah mit: »Wie kann er nur?« Das ist die vom Gleichnis beabsichtigte Reaktion der Augen- und Ohrenzeugen, die uns auf die abschließende rhetorische Frage wirklich nur mit einem vorbehaltlosen »Ja!« antworten läßt. Aber »bekundet sich in dieser Reaktion nicht gerade eine von der Erzählung selbst *suggerierte Alternative zum tatsächlich Erzählten«?* Wird nicht der »Vorgang der zweiten Episode nur berichtet, um dem Hörer nahezulegen, ihn als eine *absurde Fortsetzung* des überraschenden Verlaufs der ersten Szene zu entlarven«?, so erwägt W. Harnisch zu Recht. Und er schlußfolgert: »Unter dieser Prämisse lenkte das Fiasko des Finales den Blick erst recht auf das Plus des Anfangs und forderte die Phantasie des Hörers an, eine andere Nachgeschichte zu erfinden, die der wunderbaren Vorgeschichte entsprechen könnte. Und das wäre dann vielleicht die von der Parabel ermöglichte Geschichte seiner eigenen Existenz« (a. a. O., Seite 265).

Diese hermeneutische Einsicht in die geradezu überführende Dynamis der Vorgeschichte und also des vorbehaltlosen Zuspruchs des Evangeliums zieht m. E. eine doppelte Konsequenz nach sich, eine exegetische und eine homiletische:

1. Bei Vers 34, gewiß passende Überleitung zu Vers 35, handelt es sich wohl um eine sekundäre Erweiterung des ursprünglichen Gleichnisses. Andernfalls machte sich die Güte des Königs abhängig von des Menschen Gehorsam oder Ungehorsam, so daß letztlich »Gott Prädikat unserer Existenz, aber nicht Subjekt« wäre und »nur noch die Bilanz unseres Daseins« zöge (E. Fuchs, Jesus. Wort und Tat, Verlag J.C.B. Mohr (Paul Siebeck), Tübingen 1971, Seite 33). Mit Zitaten aus den »Annäherungen« fragen auch wir: »Kann Gott so sein? Ein unberechenbarer Herrscher und Richter, fast schizophren in seinem Handeln?« Und sollte das wirklich die Pointe des Gleichnisses sein: »Brav sein und rechtschaffen aus Angst vor einem Gott, der mit übermächtig erhobenem Zeigefinger droht ... Aber kann man aus Angst vergeben?« – Die ursprüngliche Gestalt des Jesus-Wortes weist in eine andere Richtung! Hier wird uns ein Gläubiger vor Augen gemalt, der den Knecht einerseits – angesichts der unermeßlichen Schuld (10.000 Talente!) – seiner Illusion beraubt, als könne er selbst noch werktätig irgendetwas Heilbringendes tun (vgl. Verse 26 f.). Es geht ja gar nicht nur um irgendeine größere oder geringere Schuld. Sondern um die Gesamtexistenz des Menschen. Diese hat er verwirkt. Sie ist er schuldig. Und diese Schuld vergibt ihm der König. Er schenkt ihm nichts weniger als sein Sein, sein Leben, seine Lebenszeit zurück. Nein, wir haben hier nicht die Parabel

vom Schalksknecht, nicht die von der Vergeßlichkeit des Menschen vor uns, sondern umgekehrt, positiv: »Das Gleichnis von der geschenkten Zeit«! (vgl. Chr. Dietzfelbinger, Das Gleichnis von der erlassenen Schuld. Eine theologische Untersuchung von Matthäus 18,23–35, in: EvTh 32 (1972), Seite 442). Sollten wir da nicht wirklich, der Spur W. Harnischs folgend (s. o.), eine neue, eine dem Wunder des göttlichen Gewährens analoge Nachgeschichte erfinden?

2. Doch! Darum schlage ich, bestärkt durch Einsichten der Rezeptionsästhetik, eine Predigtgliederung vor, die zu Beginn die unmögliche Möglichkeit des Schalksknechts unmöglich sein läßt und – ad acta legt. In ihrem Hauptteil wird die 1. Szene des Gleichnisses vergegenwärtigt, indem der dort geradezu urbildlich vertonte cantus firmus christlicher Theologie, ihr Grund-Thema also: »der schuldige und verlorene Mensch und der gerechtsprechende und erlösende Gott« (vgl. Luthers Bestimmung des »subiectum Theologiae« in: WA 40,2; Seite 328) zum Erklingen kommt. Hernach soll die Gegengeschichte inszeniert, die Erfahrung des Verwandeltwerdens im Spiel-Raum des Reiches Gottes ausgeführt werden: der Weg des *Glaubens* als Bleiben in und als Freude an der unendlich reichen göttlichen Doxa; der Weg der *Liebe* als endliche (vgl. Vers 28: »100 Denare« im Kontrast zu Vers 24), wenngleich nicht schmerzlose Inanspruchnahme derselben für den anderen. Geht es da um den Aspekt der Fürsorge und Mitsorge, oft genug ein Leiden, »ein inneres Wachsen an den Verletzungen, die es zu vergeben gilt« (Zitat aus den »Annäherungen«), mithin um den Nächsten coram Deo, so soll im Schlußteil die Korrelation: die Fürsprache, fast schon die Einkehr ins Fürbittgebet, mithin der Aspekt: Gott coram proximo zur Sprache kommen. – Dabei waren mir – bis in die Wortwahl hinein – Überlegungen wichtig, die ich dem Jenaer Theologen Michael Trowitzsch verdanke (vgl. exemplarisch: ders., Gott als »Gott für dich«. Eine Verabschiedung des Heilsegoismus, BEvTh 92, Chr. Kaiser Verlag, München 1983 und ders., Der Mensch – Ebenbild Gottes. Private Mitschrift des Vortrags, gehalten auf dem 26. Deutschen Evangelischen Kirchentag in Hamburg, 1995).

Vorschlag zur Liturgie

Biblisches Eingangswort
Der Herr ist nahe denen, die zerbrochenen Herzens sind, und hilft denen, die ein zerschlagenes Gemüt haben. (Ps 34,19)
bzw.
Bei dir ist die Vergebung, daß man dich fürchte. (Ps 130,4)
oder
Introituspsalm
Ps 143,1–2 (3–4) 5–10

Alttestamentliche Lesung
Mi 6,6–8
Neutestamentliche Lesung
Phil 1,3–11 (Epistel)

Eingangsgebet/Offene Schuld
Durch deine Gnade, Gott, bin ich, was ich bin – / und doch bin ich so oft ungnädig mit mir selbst. / Dann möchte ich gern / stärker, mutiger, schöner, / klüger und überzeugender sein / als ich bin. / Dann kann ich deine Gnade / nur schwer ertragen, / weil ich meine Unzulänglichkeit sehe / und mein Scheitern. / Dann sehe ich gnadenlos die Fehler der anderen: / ihre Schwäche, / ihren Kleinmut, / ihre Schuld. / Sollten auch sie durch deine Gnade / so sein wie sie sind, / obwohl ich so viele / und so vieles / gern anders hätte? / Ich weiß, Gott, ich bin nicht immer, / wie ich sein sollte, / aber vielleicht öfter als ich meine. / Solltest du mir gnädig sein, / damit ich so ungnädig bin mit mir / und so gnadenlos?
(Martina Gregory, in: W. Brinkel u. H. Hilgendiek (Hrsg.), Neue Eingangs- und Fürbittengebete für die Sonn- und Feiertage des Kirchenjahres, Gütersloher Verlagshaus, Gütersloh 1994, Seite 132)

Schlußgebet
Herr, unser Gott, / in Bildern erklärst du uns dein Reich, / in dem wir leben können / und dessen Zukunft Gegenwart ist. / Laß uns auch in Bildern, / in denen wir uns täglich bewegen, / die Konturen deines Handelns erkennen, / wenn wir essen und trinken, / wenn wir bauen und pflanzen, / wenn wir kaufen und verkaufen, / wenn wir heiraten und auseinandergehen. // Herr Jesus Christus, / deine Geschichte mit uns / ist die Geschichte der Gegenwart Gottes. / Dein Reich kommt und / ist doch gleichzeitig mitten unter uns. / Dein Reich hat Zukunft / und kann mitten in unserer Gegenwart / täglich spürbar werden. / Öffne unsere Augen, / damit wir die verwandelnde Kraft / des Lebens in deinem Reich erkennen. // Herr, unser Gott, / wir bitten dich, daß die Kraft / deines kommenden Reiches / unser tägliches Leben stärkt / und daß die Mächtigen offene Ohren / für die Rufe der Ohnmächtigen bekommen / und die Hilflosen Vertrauen / in die Mühe der Helfenden gewinnen, / damit die Hoffenden nicht enttäuscht werden / und der Reichtum uns nicht hindert / zu bitten, daß dein Reich komme.
(K. Wolff, ... aber ich bitte dich, Mit Gott reden, Neukirchener Verlag, Neukirchen-Vluyn 1993, Seite 119)

Liedauswahl
Eingangslied: »Ich ruf zu dir, Herr Jesu Christ« (EG 343,1–3); Lied vor der Predigt (Wochenlied): »Herr Jesu, Gnadensonne« (EG 404,1–4); Lied nach der Predigt: »Nun lob, mein Seel, den Herren« (EG 289,1–2+4); Schlußlied: »Strahlen brechen viele aus einem Licht« (EG 268)

Vorschläge zur Predigt

Möglicher Anfang

Liebe Gemeinde! Das könnte dem Teufel so passen: daß ich die Zeit, die kostbare, die gottgegebene, mißbrauche dazu, beim Machtwort, beim Würgegriff des Schalksknechts stehenzubleiben (vgl. Vers 28). Auszuharren beim Fiasko dieses vergeßlichen Kerls und die Tragödie auszumalen, die er anrichtet in brennender Zeit. Der Todesspiegel wird uns oft genug vorgehalten; die Hölle, die die heutige Zeit in ihrem Innern mit sich herumträgt; dieser zynische Einordnungsbetrieb, engherzig und verlogen zumal. Die finstere Festschreiberei von Menschen durch Menschen – welch ein gotteswidriger Unfug! »Unbegreiflich. Wie kann er nur, dieser Schalksknecht ...?«

Nein. Diese Geschichte soll nie mehr wahr werden. Sie ist eine Verhinderungsgeschichte. Ad acta soll sie gelegt werden, jetzt und für immer. Und eine Gegengeschichte soll, darf gefunden – erfunden werden. Eine Gegengeschichte, die der Vorgeschichte des Gleichnisses entspricht: dieser freien, lebendigen, tröstlichen Wortherrlichkeit unseres Gottes. Sie, diese Wortherrlichkeit, ist wie ein großes Gemälde. Bunt, wie die göttliche Gnade selbst (1. Petr 4,10). In ihre hellen und warm leuchtenden Farben tauchen wir ein. Nahrung sind sie für unsere Augen. Den Blick wollen sie beleben und die Unschuld unsrer Augen wiederherstellen.

Zum weiteren Verlauf

1. »Da hatte der Herr Erbarmen«, drastischer noch: »da jammert den Herrn des Knechts, und ließ ihn los, und die Schuld erließ er ihm auch« (Vers 27). Das ist unsere innerste Wahrheit. Gottes Schlußwahrheit für uns. Worte des allmächtigen Gottes jetzt, heute uns, unseren angefochtenen Gewissen vor Augen gemalt. Zeichen aus Licht, gesprochen in der Vollmacht der Liebe, die alles trägt, die alles heilt, die alles wieder gut macht, die nimmer aufhört (vgl. 1. Kor 13,4–8).

Wieviel muß wieder gut gemacht werden! Welche Stimmen mögen nach uns rufen? Welche Bilder steigen aus der Tiefe empor? – Es ist der Schmerz, der einen Riß macht in der Schöpfung von oben bis unten. Und vielleicht spüren wir, daß dieser Riß mitten durch uns hindurchgeht. Manchmal werden wir unseres Schweigens nicht Herr. Über uns, deren Gesichtskreis verhangen ist von der Sünde und dem Tod, unentwegt damit beschäftigt, unsere endlose Schuld zu verniedlichen und durch Verdienst, durch Leistung, durch Wohlwollen, durch Pflichttreue abzuarbeiten, über uns, deren Zukunft verschlossen ist, weil die Vergangenheit regiert, bricht eine neue Zeit auf. Fortgehalten vom Schrecklichen, fortgehalten vom Fluchtweg, der niemals aufgeht, weil die Schuldsumme jedes Maß übersteigt, geschieden vom Jammer unendlicher Zeitnot blüht uns dies Gleichnis auf: das Gleichnis von der neuen, der geschenkten, der gewährten Zeit.

Mit all unsren Scheinprägungen und Maskierungen, indem wir sie möglichst alle mitnehmen, tauchen wir ein in diese Zusage aus Licht. Mit unseren zwiespältigen Empfindungen, mit all unserer Schuld, der noch nicht lange zurückliegenden und der alten, giftigen, die wir jetzt vielleicht wieder spüren. Mit unseren wechselnden Gefühlen, dem jähen Entsetzen, dem mannigfaltigen Mitleiden, dem hilflosen Zorn, der bösen Verzweiflung. Wir wollen es alles, so gut es geht, hineinziehen in diese ungeheure Wortherrlichkeit und Zukunftshelligkeit und Gottesklarheit. Und uns hineinlocken lassen in die reine und ungetrübte Bejahung: »Ich, Gott, habe Erbarmen mit Dir; ich spreche Dich los, Du bist frei zu neuem Leben!«

2. Gottes Menschenfreundlichkeit! Bildlich, ja leiblich will ich sie mir vorstellen. Auf jeden Fall ist es eine uneingeschränkt-positive, schöne, ganz menschliche Vorstellung. Sehen wir da nicht ein offenes Gesicht, strahlende Gesichtszüge, ein Lächeln: mindestens so schön, genauso anrührend und beglückend wie ein aufrichtiges menschliches Lächeln, unwiderstehlich wie das Lächeln der Liebe? Wir lesen ab, was auf diesem Gesicht geschrieben steht. Zuneigung, gespannte Aufmerksamkeit, Freude. Ja, Gott freut sich über uns wie ein stolzer Vater. Wie eine Großmutter, der die kleine Enkeltochter ein Bild malt. Wie eine Mutter, die sich über das Bett beugt und den warmen Duft einatmet, der von dem schlafenden Kind ausgeht. So empfängt, hütet, beglänzt sein freundlicher Blick mein ganzes Sein. Es ist, als ob er mich gegen das Licht hält und ein einziges Wort spricht: »Ja – uneingeschränkt und für immer bist Du ein Mensch meines Wohlgefallens!«

Er, dieser liebende Blick Gottes, wird mich verwandeln, mich auftauen und von meinen Verkrampfungen befreien. »Ihr Finsteren und Hartherzigen, Ihr mit den gehärteten und gefangengehaltenen Gesichtszügen, verschlossen, wie zugedeckt, ermattet Eure inneren Augen. Ihr müßt nicht so bleiben. Laßt Eure Gesichter aufdecken, zur Offenheit: daß Gottes Menschenfreundlichkeit ein Gegenüber, ein neues, ein entsprechendes Gegenüber habe!« Diese Bitte, zu Herzen gehend und von bezwingender Kraft, strahlt Gottes Lächeln aus. Der Bruch des Banns, der Bruch unsrer, meiner Verhärtungen, wird von Gott selbst ausgehen. Von seinem lösenden und frei machenden Erbarmen. von seinem freundlichen Blick. Und wie die Zimmerwärme in den draußen in der Kälte starr gewordenen Fingern zunächst Schmerz hervorruft, bevor die Glieder selbst ganz von wohltuender Wärme durchströmt sind, so wird der verwandelnde Blick Gottes auch mich schmerzen (um so mehr, je mehr Kälte in mir ist) – und mir schließlich doch wohl tun.

Eine Aufschließung findet hier statt. Zu sehen ist eine Erneuerung von Grund auf: »Ist jemand in Christus, so ist er eine neue Kreatur. Das Alte ist vergangen. Siehe, es ist alles neu geworden!« (2. Kor 5,17). Siehe: Das ist der neue – nicht mehr der alte, verschlossene und seitenverkehrte –, sondern der nach oben aufgeschlossene, der Gott entsprechende Mensch. Der Gottes Menschenfreundlichkeit mit Gottesfreundlichkeit, der Gottes Zuneigung nun seinerseits mit einem Lächeln erwidert. Das, was die Bibel geheimnisvoll den »Glauben« nennt, das ist offenbar die von Gott in unserem Gleichnis geradezu erhoffte, in seinem lösenden Wort ersprochene und in seinem Erbarmen erfundene Erwiderung seines Lächelns. Und darum stelle ich mir den, der sein Leben neu empfängt, neue Lebenszeit erfährt, dem es geschieht und widerfährt, zu sein, so vor: Leicht und erleichtert. Erleichtert von der Last, der schweren Schuld. Von der Sorge um das eigene Heil. Und ganz und gar selbstvergessen. Tanzend, spielend, hüpfend vor Dankbarkeit und ausgelassen vor Freude. Fast ein bißchen ekstatisch. Offen, nach oben ganz offen, gestreckt zum Ursprung, zur Heimat, zur Quelle des Lebens und Lobens. »Halleluja!«, laut und schön stimmt er das neue Lied an. Begabt mit freiem Atem. So, singend und spielend, im Lobpreis, im tiefen Einverständnis bleibt er außer sich in Gott. Läßt er Gott Gott sein – und nimmt sich ineins damit wahr als Mensch. Als menschlichen Menschen, als Geschöpf unter Geschöpfen. Wie diese bedürftig, durch Klarheit erneuert zu werden. Abhängig, schlechthin abhängig vom Lächeln, vom Licht, vom Licht seines Wohlgefallens.

3. Gott Gott sein lassen, der, wie Martin Luther plastisch und bildhaft ausführt, »mich ... geschaffen hat samt allen Kreaturen, mir Leib und Seele, Augen, Ohren und alle Glieder, Vernunft und alle Sinne gegeben hat und noch erhält« (vgl. WA 30,1; Seite 363), diesen Gott Gott sein lassen, bedeutet: ihn immer schon als Gott auch der anderen in Anspruch zu nehmen. Ihn als mein Gott – zugleich als dein Gott gewähren zu lassen. »Willst Du Dich da nicht erbarmen über Deinen Mitmenschen, wie ich mich Deiner erbarmt habe?«, spricht Gott am Ende des Gleichnisses (vgl. Vers 33). So, in Form der rhetorischen Frage, gibt Gott den Blick frei auf den Nächsten. In ihm soll sich Gottes zartes, freundliches, liebevolles Lächeln spiegeln in meinen Augen. Eingenommen, voreingenommen für andere, strömt und greift die reine und ungetrübte Bejahung über. Das zulassende, gewährende und schenkende, das Zeit, Lebenszeit in Hülle und Fülle, im Überfluß austeilende Wesen Gottes: in der Liebe, zerbechlich und undeutlich genug, gebe ich es weiter. Bring ich es zum Zug: »Auch Du bist ein Mensch des göttlichen Wohlgefallens. Von ihm zu ewiger Herrlichkeit und Leuchtkraft erdacht!« Jedes Kind, jeder Erwachsene, jeder alte Mensch, jeder und jede: ein farbiger, unregelmäßiger, wunderbar-unberechenbarer Schöpfungsgedanke Gottes. Einmalig, unverwechselbar, ein buntes, ein klingendes Geheimnis. Das sieht, ersieht, entdeckt und erfindet die wiedergewonnene Unschuld unsrer Augen. Kraft der Tiefenschärfe des ewigen göttlichen Erbarmens. Mit ihr, dieser Tiefenschärfe begabt, bin ich geschickt zu endlichen Taten, zur Leidenschaft für das Mögliche. Freigegeben und ermächtigt dazu, der unendlichen und im strengen Sinne unvergleichlichen Güte Gottes menschlich und d. h. endlich zu entsprechen.

Ja, der Raum der Liebe ist allemal das Endliche, wo es am endlichsten ist. Wo der Nächste, die andere genauso dran ist, wie ich dran war: verloren und verstrickt. Ermattet, erstarrt. In Zeitnot gefangen, belastet mit der stählernen Schuld von gestern. Nicht die Unsumme von 10.000 Zentnern Silber sollen wir tilgen (vgl. Vers 24), nicht die verwirkte Existenz des anderen müssen wir wiederherstellen. Nicht Gott sollen wir sein. Sondern Menschen, die die göttliche, die unendliche Entlastung in Anspruch nehmen, indem wir die 100 Silbergroschen (Vers 28), die einzelne Untat, das einzelne böse Wort vergeben. Dem anderen einen Raum und die Zeit eröffnen, in denen er leben kann und sogar sich selbst vergibt, gegen all die Anklagen seit Kindertagen. Die Person fortrufen, unterscheiden, lösen von ihren Verfehlungen, das ist Liebe. Das ist die Tat der Vergebung. Nichts vergibt sie sich damit. Sie hält die verletzende Wirkung aus und überwindet sie gerade darin, daß sie etwas von dem angerichteten Schmerz auf sich nimmt. Und darum weniger Tat, sondern vielmehr Leiden, Mitleiden ist. Passion. Die Kraft, unter Umständen die Hand sinken zu lassen; das Sichzurücknehmen; die Ergebung neben dem Widerstand; die Kunst, langsam und allmählich zu sein ... also Vollzüge der Geduld, der Tapferkeit, der Stille. – »Aus dem allen folgt«, so resümiert Luther in seiner Schrift über die christliche Freiheit, »daß ein Christenmensch lebt nicht in sich selbst, sondern in Christus und seinem Nächsten, in Christus durch den Glauben, im Nächsten durch die Liebe; durch den Glauben fährt er über sich in Gott, aus Gott fährt er wieder unter sich durch die Liebe und bleibt doch immer in Gott und göttlicher Liebe« (vgl. WA 7: Seite 38).

Möglicher Schluß

Mit Gott auf den Nächsten zurückkommen, heißt aber nicht nur Fürsorge, sondern auch Fürsprache. Nicht nur die Nächsten vor Gott, sondern auch Gott vor dem Nächsten wahrzunehmen. Zeitklarheit und Gottesklarheit zu erbitten für die, die wie schweigend durch die Jahre gehen, die noch ihr Verstummen verbergen, indem sie irgendeiner Vordergrundsmeinung zustimmen. Die Bedrohungen heraufführen, deren Zeugen sie sind, aber deren Urheber sie nicht sein wollen – das gute Gewissen reichlich im Gesicht: Sie sollen herausgezogen werden aus dem bösen Traum, aufgeweckt werden, gehindert am fanatischen Augenschließen und Vergessen. Sie dürfen sich selber aus den Augen verlieren. Sie sollen hineingesprochen werden ins Evangelium, hinübergeleitet in die Geschichte Jesu Christi und in deren Folgen. Zurückgegeben an das einfache Geheimnis, Geschöpfe zu sein, verbunden mit allen Menschenkindern und der gesamten Schöpfung: mit Himmel und Erde und Meer (vgl. Röm 8,19–22).
Amen.

Kontexte

Kann *er* (sc. der Mensch) sich nicht frei machen von der Welt, von seiner Vergangenheit, von sich selbst, - *Gott* vermag es. Und die Weise, wie Gott den Menschen von seiner Vergangenheit befreit, heißt: *Vergebung der Sünde.* Vergebung der Sünde bedeutet nichts anderes als: ihn als den nehmen, der er ist, als den Zukünftigen.
(Rudolf Bultmann, Das Verständnis von Welt und Mensch im Neuen Testament und im Griechentum, in: ders., Glauben und Verstehen. Ges. Aufsätze, Bd. 2, Verlag J.C.B. Mohr (Paul Siebeck), Tübingen 1968^5, Seite 74)

Hat der Glaube Gott in seinem Wort, so gehört doch Gott keineswegs dem Glaubenden allein. Gott fordert meinen Glauben ganz, mein Glaube gehört nur ihm, aber Gott schenkt sich in solchem Glauben als den gerade nicht nur für mich anwesenden Gott. Glaube ich an sein Ja zu mir, so glaube ich an das Geheimnis seiner Anwesenheit gerade nicht nur bei mir (2. Kor 6,3–10). Mein Glaube kann nur mein Glaube sein. Aber dieser Glaube kennt Gott als »Gott für dich«, nicht nur für mich, obwohl du vielleicht gar nicht glaubst.
(Ernst Fuchs, Was hat die christliche Verkündigung zu sagen?, in: ders., Glaube und Erfahrung. Zum christologischen Problem im Neuen Testament, Verlag J.C.B. Mohr (Paul Siebeck), Tübingen 1965, Seite 430 f.)

Die Christenheit ist dazu berufen, Ort *der* Freiheit zu sein, die eine Freiheit zur Liebe und zum Dienen ist. Damit aus dieser Freiheit Taten folgen, muß dafür Sorge getragen werden, daß die Freiheit gewahrt bleibt. Als verkündigte und zugesprochene Freiheit bleibt sie aber nur gewahrt, wenn das Hören dem Tun vorgeordnet bleibt. Darum bedarf es des Gottesdienstes als einer Inanspruchnahme von Zeit für das Hören. Das bedeutet für das Tun nicht Zeitverlust, sondern Zeitgewinn.
(Gerhard Ebeling, Die Notwendigkeit des christlichen Gottesdienstes, in: ders., Wort und Glaube, Bd. 3, Verlag J.C.B. Mohr (Paul Siebeck), Tübingen 1975, Seite 551)

Reformationsfest

Annäherungen an den Predigttext
Matthäus 5,2–10 (11–12)

Martin Adam

1. Gespräch in einer Gruppe von interessierten Erwachsenen mittleren Alters: Die prinzipielle Schwierigkeit des Gesprächs bestand darin, daß sich niemand unter dem Wort »selig« etwas vorstellen konnte. Es wurde weitgehend mit »glücklich« assoziiert. Dann widersprechen aber die Inhalte der Seligpreisungen von vorneherein jeder Lebenserfahrung (nur die Verse 4 und 7 wurden als konkret erfahrbar bezeichnet), zumal dann, wenn sie – wie die meisten Gesprächsteilnehmer es taten – als Verhaltenskodex aufgefaßt werden (»Verhaltenskodex mit der Vorstellung, was einem geschieht«, formulierte ein Jurist). Auf diesem Hintergrund kamen Äußerungen wie »Das ist in unserer Gesellschaft nicht mehr gefragt«, »Heute regiert doch nur die Macht», »Das war auf dem Dorf vielleicht noch möglich«, »Heute ist alles viel anonymer geworden« (und eine Flut von Klagen darüber, wie schlecht die Welt und die Jugend heute seien).
Der Begriff »geistlich arm« wurde als »intellektuell wenig begabt« verstanden, und ich stellte – nach langen Erklärungsversuchen innerhalb der Gruppe – fest, daß es dafür keinen zeitgemäßen Ausdruck gibt. Mein Vorschlag, Jesus könne – als Provokation gegen die Gesetzestreuen – die »Sünder« gemeint haben, stieß auf Ratlosigkeit und auch Widerspruch.
Im Verlauf des Gesprächs wurde immer deutlicher, daß die Bedeutung des Wortes »denn« unklar ist: Ist das, was danach folgt, die Voraussetzung für das Seligsein (im Sinne einer Begründung) oder die Folge davon? Die Meinungen neigten sich dem letzteren zu.
Das Dilemma des Nicht-befolgen-könnens der Verhaltensnormen wurde durch den Vorschlag aufgelöst (aufgeweicht?), zu sagen: »Selig sind, die sich bemühen …«. Es wurde auch bemerkt, daß es vielleicht ginge, wenn sich alle so verhielten. »Aber Jesus, der so gelebt hat, hat es das Leben gekostet.« – »Jesus durfte aber so reden, weil er so gelebt hat.«
Die Vermutung, daß die Verheißungen für das Jenseits gelten, wurde zwar geäußert, aber nicht weiter verfolgt. Mein Einwurf, ein Konfirmand habe einmal vorgeschlagen, »Selig sind …« mit »Nah bei Gott sind …« zu übersetzen, wurde zwar zuerst als erhellend empfunden, half aber auch nicht weiter. Es konnte sich wohl niemand etwas Genaueres darunter vorstellen.

Erst als mir der Einfall kam, es mit »Innerlich reich sind ...« zu übersetzen, wurde das Gespräch wieder lebhafter. Eine Teilnehmerin hatte gerade ein Buch über den Widerstand gegen Hitler gelesen und fragte, woher solche Menschen den Mut und die Kraft genommen hätten. Es wurde darauf hingewiesen, daß es ja nicht immer gleich um Leben und Tod gehen müsse als Christ (zu Vers 10) und daß man auch im Alltag oft Mut brauche, um als einzelner der Meinung einer Gruppe »um der Gerechtigkeit willen« zu widersprechen. Beispiele von mutigen Menschen wurden erzählt, auch von »innerlich reichen« Kranken und Sterbenden und davon, wie anders die Welt aussieht, wenn man z. B. nach einer gefährlichen Krankheit wieder gesund ist (»Leid lehrt, Wichtiges von Unwichtigem zu unterscheiden«). Zum Schluß herrschte die Meinung vor, eine Predigt über diesen Text könne den Hörern solchen Mut geben.

2. Zitate aus dem Gespräch mit einer Seniorengruppe: »Wirklich traumhaft, aber nicht zu machen.« »Wer so leben würde, der würde nicht lange leben.« »So denken und leben nur Heilige.« »Das klingt wie eine Regierungserklärung für das Reich Gottes.« »Das ist ein Gegenpol zu den Gesetzen: Hier wird nicht gedroht, sondern Jesus lockt.«

Zum Gottesdienst

Reinhard Kirste

Exegetisch-homiletische Skizze

Die Bergpredigt präsentiert sich als großartige Redenkomposition, die auf die zentrale Inhalte der Verkündigung Jesu weist und sogar etwas wie der »Kanon im Kanon« sein könnte und für manchen vielleicht sogar ist. Es soll hier nicht darum gehen, welche Abschnitte der hypothetische »Redenquelle« (Q) zuzuordnen wären, sondern es geht um die Programmatik der in ihr liegenden Aussagen. Das wird bei Matthäus allein schon daran deutlich, daß Jesus diese Rede auf einem »Berg« hält und die damaligen Zuhörer und Zuhörerinnen die Parallelität mit Mose und den Gesetzestafeln auf dem Berg Sinai sofort heraushörten: Es geht ja um die von Mose übermittelten Gesetze, die nun Jesus als der »zweite Mose« »erfüllt«, d. h. in die Wirklichkeit gegenwärtigen Handelns umsetzt bzw. bereit ist, dieses zu tun und dabei sogar seinen Tod in Kauf nimmt.

Schwerpunkte der Gesetzeserfüllung sind: Vergebungsbereitschaft und Feindesliebe, weil Gottes Wesen durch Barmherzigkeit gekennzeichnet ist. Die »Rede« zielt als daraufhin, sich auf Gottes Willen einzustimmen. Der Mittelpunkt ist darum das »Vaterunser« (6,9–13). Gottes Gebot gilt unbedingt, es ist erfüllbar, aber nicht unter Druck, sondern eben durch jene Einstimmung, die die positiven Akzente dieser Haltung betont: »Selig seid ihr ...«

Neben dem Redeblock Kap. 5–7 könnte jedoch noch ein anderer Zusammenhang wichtig werden, nämlich, wie die Wirksamkeit Jesu beginnt: Vor der eigentlichen Wanderpredigertätigkeit steht die Versuchung (Kap 4,1–11). Auch sie geschieht auf einem Berg. Am Berg fallen also Lebensentscheidungen, die globale Konsequenzen haben. In 4,24 ist die Kunde von der Lehre und der Wundertätigkeit Jesu schon bis Syrien vorgedrungen (also weit in nicht-jüdisches Gebiet hinein).

Symbol Berg

Das Symbol »Berg« gehört mit dem von »Felsen« und »Pyramide« zusammen. Die Spitze des Berges berührt den Himmel. Darum sieht man in vielen Traditionen im Berg den Wohnsitz der Götter oder des Gottes (das gilt in der hebräischen Bibel auch vom Sinai). Das Fundament des Berges ist fest in der Erde gegründet. Das gibt dem Berg etwas Unerschütterliches, Ewiges. Dies ist durchaus mit dem göttlichen Gesetz zu vergleichen, das dem Menschen Halt und Orientierung gibt. Gleichzeitig ist der Blick zu den Bergen wegen ihrer Transzendenzbeziehung so beruhigend: »Ich hebe meine Augen auf zu den Bergen. Woher kommt mir Hilfe? ...« (Ps 121,1). Der Berg ist nicht nur der Berg einer Region, sondern der Mittelpunkt der Welt: Das himmlische Jerusalem wird nach der Offenbarung des Johannes auf dem Berg Zion eingerichtet. Es ist von Licht umflutet, und die Menschen steigen aus der Dunkelheit auf in dieses (göttliche) Licht.

»Auf dem Berge Sinai nahm Moses die Gesetzestafeln in Empfang. Ebenfalls auf einem Berg hielt Elia mit Gott Zwiesprache und brachte Jakob ein Opfer dar. Auf einem Berg hielt Jesus die bedeutendste seiner Predigten, und auf einem Berg ward er im Beisein von Petrus, Jakobus und Johannes verklärt, so daß sein Angesicht leuchtete wie die Sonne, seine Kleider aber wurden weiß wie das Licht; und es erschienen Moses und Elia, und er sprach mit ihnen. Auf ähnliche Weise kommunizierten die großen Eingeweihten der Indianer mit ihren strahlenumflossenen Gesetzgebern, den leuchtenden Wesen. Auf einem Berg erwählte Jesus die zwölf Apostel, und ›er blieb über Nacht im Gebet bei Gott‹. Während sich Mohammed in der Einsamkeit auf dem heiligen Berg Arabiens, dem Berg Hera, nahe bei Mekka, in einem Zustand der Verzückung befand, erschien ihm der Engel Gabriel und übermittelte ihm die Verse (Suren) des Koran ...« (W. Y. Evans-Wentz: Cuchama. Heilige Berge der Welt [Hg. Frank Waters/Charles L. Adams, Vorwort: Lama Anagarika Govinda]. Basel: Sphinx 1984, Seite 63 f.)

Selig seid ihr ...«

In den Annäherungen wurde deutlich, daß die Seligpreisungen – so weltberühmt sie auch sein mögen, deshalb Schwierigkeiten machen, weil eine aktualisierende Übersetzung entweder idealistisch abrutscht und Anleitung zum konkreten Handeln sich verflüchtigt, oder sofort die Unmöglichkeit eines solchen Tuns außer für »Heilige« beschworen wird. Auf der anderen Seite hat sich die Musik zu den Seligpreisungen der 1895 entstandenen Oper »Evangelimann« von Wilhelm Kienzl (1857-1941) bis zu den Bergpredigtgesängen auf den Kirchentagen (z. B. »Selig seid ihr ...« von Friedrich Karl Barth, Peter Horst und Peter Janssens) populär verbreitet. Die Seligpreisungen haben also »Etwas«. Dieses »Etwas« ist schwer zu beschreiben, weist aber auf eine Faszination, die von diesen Worten ausgeht und die z. B. Mahatma Gandhi wesentlich inspiriert haben:

»Aber als ich zum Neuen Testament und zur Bergpredigt kam, gab es in mir ein Echo von dem, was ich in der Kindheit gelernt hatte und was ein Teil von mir selbst zu sein schien und von dem ich mich im täglichen Leben um mich herum zu neuem Handeln ermutigt sah. ... Diese Lehre war Nicht-Vergeltung und dem Übel nicht widerstehen ... Als mein Kontakt mit wirklichen Christen zunahm, d. h. mit Menschen, die in Gottesfurcht lebten, erkannte ich die Bergpredigt als das Ganze für denjenigen, der ein christliches Leben führen will. Es ist diese Predigt, die mir Jesus lieb und teuer gemacht hat« (Robert Ellsberg, Hg.: Gandhi on Christianity. Maryknoll, NY: Orbis 1991, Seite 21f., Übersetzung von mir).

Grenzenlose Liebe und Nicht-Vergeltung sind für Gandhi das Entscheidende für die Konkretisierung seines eigenen Lebensentwurfs. Dies überschreitet alle Begrenzungen und »Buchlehren« und wird ihm zur Motivation eigenen (gerade auch) politischen Handelns. »Selig seid ihr ...« heißt dann nichts anderes, als in der Gegenwart aus der Kraft solcher Worte innerlich stimmig leben, darin Glück empfinden und dieses Glück nicht für sich zu behalten. Kap 5,12 gibt u. U. auch eine Antwort auf die Frage, was »selig« bedeutet: Fröhlich und getrost trotz des Leidens und in den übelsten Situationen.

Sicher, für uns als Durchschnittsbürger klingt das schon wieder zu großartig, aber gerade eine solche Zielprojektion kann sich auf den Alltag verändernd auswirken.

Erläuterungen zu Matthäus 5,1-12

Ich brauche den gesamten Abschnitt 5,1-12, weil gerade die Negativsituation (»Verfolgung«) offensichtlich Kräfte freisetzt, Energien, die die »selig Gepriesenen« in der entscheidenden Situation zur Verfügung haben. Im Blick auf die Predigt können aber nur einzelne Gesichtspunkte angesprochen werden.

Zur Einleitung (V. 1) in ihrem starken symbolischen Gehalt (»Berg«) ist schon einiges gesagt. Festigkeit, Kraft und die Hilfe »vom Berge« werden sozusagen auch geographisch verdeutlicht. Die folgenden neun Seligpreisungen beziehen sich nicht auf eine Haltung der Schwäche, sondern der Energie (Sanftmut=sanfter Mut), nach der Devise, daß das weiche Wasser den harten Stein bricht. Allerdings gibt es zuvor eine bestimmte Verhaltenskonditionierung: Hunger und Durst nach Gerechtigkeit. Anders als Lukas in seiner »Feldrede« (Lukas 6,20-49) geht es im übertragenen Sinne um Armut=»geistlich Arme« im Unterschied zu denen, die wirklich nicht wissen, wie sie den kommenden Tag erleben und überleben werden.

Interessanterweise stehen »Himmelreich«, also Gottes Herrschaft und »Erdreich« nicht im Gegensatz. Die Herrschaft der Sanftmütigen ist nicht das Winkeldasein, sondern die Energie der Barmherzigkeit, die die gesellschaftlichen Verhältnisse gewaltlos umkehrt, eine Vision, die Menschen zu allen Zeiten bewegt hat und die offensichtlich nötig ist, um die Kreisläufe der Gewalt zum Halten zu bringen. Der Gottesfriede (»Schalom«), für den sich die »Friedensmacher« einsetzen, mobilisiert die Energien der Liebe. Bis heute sind die Vertreter der Gewaltlosigkeit wie Mahatma Gandhi und Martin Luther King Symbole einer friedlichen gesellschaftlichen Veränderung, die nicht nur die Verheißung, sondern auch Realisierungschancen hat. Daß dieser Friede brüchig ist und oft genug die Friedenskräfte wieder ins Abseits gedrängt werden (wie im Sommer 1996 in Nordirland) spricht nicht gegen, sondern vielmehr für die Notwendigkeit einer Haltung von Menschen, die sich lieber verfolgen und diskriminieren lassen, als andere zu verfolgen und zu diskriminieren. Daß die Verfolgten in der prophetischen Tradition der Bibel stehen (besonders extrem am Propheten Jeremia zu sehen), zeigt, daß Jesus wahres Menschsein aus dem ableitet, was Gandhi grenzenlose Liebe und Nicht-Vergeltung nennt. Das ist dann nicht Gerechtigkeit, sondern »bessere Gerechtigkeit«.

Vorschläge zur Liturgie

Eingangsmeditation

Selig sind die Friedensstifter, denn sie werden Gottes-Kinder heißen
Das kennen wir doch:
Schwarz-weiß-Malerei spart die Farben,
die Farben der Liebe,
die Farben der Sanftmut,
die Farben der Versöhnung.
Wir brauchen Gegner zum Verteufeln,
miese Typen,
um unseren eigenen Haß,
unsere eigene Intoleranz zu rechtfertigen.
    Die auf Frieden setzen,
    gelten als Sicherheitsrisiko
    die für den Frieden arbeiten,
    hält man für unrealistische Träumer.
Aber das Gleichgewicht des Schreckens ist zusammengebrochen,
dennoch gibt es genug Schrecken.
Militärs weigern sich auch in Friedenszeiten
arbeitslos zu sein.
Realisten setzen nicht auf Frieden,
sondern auf Bosheit,
natürlich der anderen.

Waffen stiften höchstens kalten Frieden
und allerhöchstens Waffenstillstand.

Nur – die Realisten werden nicht selig gepriesen,
nein, den Friedensträumern gilt Jesu ungeteilte Liebe.
Jesus ist gekommen,
Frieden zu bringen,
nicht Kompromisse,
kein Friedensdienst
mit und ohne Waffen.
Das ist schwer einsehbar
und durchbricht doch den Kreislauf des Bösen:
Besser Unrecht leiden
als Unrecht tun,
besser die Waffe erst gar nicht anfassen,
als dabei sein zu müssen,
wenn ich losdrücke
oder weitergebe,
daß andere losdrücken,
natürlich im wohlverstandenen Volksinteresse.

Darum sind selig schon jetzt,
die sich nicht mit Ungerechtigkeit abfinden,
die nur das Wort der Liebe haben,
um das Unrecht anzuprangern.
Darum sind selig schon jetzt,
die den Machtmißbrauch anprangern.
Darum sind selig schon jetzt,
die das Hassen verlernen
und Brücken schlagen
über Ströme von Haß.
Darum sind selig schon jetzt,
die Partei ergreifen für Arme.
Darum heißen Kinder Gottes,
die sich nicht vornehm als Vermittler einspannen lassen,
sondern zwischen den Stühlen sitzen,
weil um Himmels willen
Frieden sein soll.

Darum heißen Kinder Gottes,
die vom Frieden Gottes schon Ergriffenen,
die auf Rechtsansprüche verzichten,
die nicht in der ersten Reihe
der Kriegsberichterstattung sitzen wollen,
die ein für allemal absagen
der Gewalt.

Darum heißen Kinder Gottes,
die nicht unter dem Schutz der Waffen,
sondern aus Gottes Frieden
zu leben wagen.

Gebet aus dem Judentum
Herr, unser Gott und Vater, laß für uns und für alle Welt in Erfüllung gehen, was du durch den Propheten Micha verheißen hast: »Am Ende der Tage wird es geschehen: Der Berg mit dem Haus des Herrn steht fest gegründet als höchster der Berge; er überragt alle Hügel. Zu ihm strömen die Völker. Viele Nationen machen sich auf den Weg. Sie sagen: Kommt, wir ziehen hinauf zum Berg des Herrn und zum Haus des Gottes Jakobs. Er zeige uns seine Wege, auf seinen Pfaden wollen wir gehen. Denn von Zion kommt die Weisung, aus Jerusalem kommt das Wort des Herrn. Er spricht Recht im Streit vieler Völker, er weist mächtige Nationen zurecht bis in die Ferne. Dann schmieden sie Pflugscharen aus ihren Schwertern und Winzermesser aus ihren Lanzen. Man zieht nicht mehr das Schwert, Volk gegen Volk und übt nicht mehr für den Krieg. Jeder sitzt unter seinem Weinstock und unter seinem Feigenbaum, und niemand schreckt ihn auf. Ja, der Mund des Herrn der Heere hat gesprochen« (Micha 4,1–4). O Herr im Himmel, gib der Erde den Frieden, gib der Erde Wohlergehen und der Ruhe eine bleibende Stätte in unseren Häusern. Und laß uns sagen Amen.
(aus: Die Friedensgebete von Assisi, Verlag Herder, Freiburg 1987, Seite 43)

Friedensgruß im Gottesdienst
Wir reichen uns die Hände und wünschen uns Frieden,
wir geben uns einander in die Hand.
Wir ergreifen die Hand, die uns geboten wird.
Wir strecken die Hände aus zum Frieden.
Der Friede rückt greifbar nahe,
weil wir die Zeichen des Friedens sehen:
Einander bei der Hand nehmen.
Das ist der Beginn einer neuen Zeit:
Friedenszeit.
Wir vertrauen einander,
wir werden ver-traulich,
Trau schau wem!
Wir trauen der Friedenszusage Gottes,
wir fangen an mit dem Frieden –
heute und hier.
Amen. Schalom.

Liedvorschläge
Aus dem EG 364, 1+2+4; 369; 341; 386

Vorschläge zur Predigt

1. Auf den Bergen geschieht Entscheidendes: Versuchung und Verkündigung

Berge spielen in der Bibel eine entscheidende Rolle im Positiven wie im Negativen. Auf dem Berg Karmel läßt der Prophet Elia 450 Baalspriester abschlachten. Ein leider vorstellbares Massaker der Grausamkeit, denn wir sind fast täglich Zuschauer solcher Massaker im Fernsehen. Allerdings: Menschen umbringen führt nicht zum Siegestaumel. Die Spirale der Gewalt dreht sich, und neues Morden scheint angesagt, aber noch mehr: Elia trägt sich nach seinem scheinbar so großartigen Sieg über das vermaledeite Heidentum mit Selbstmordgedanken. Wie so oft in der Bibel muß ein Engel eingreifen, der den lebensmüden Elia körperlich und seelisch stärkt und ihm wieder die Übersicht schenkt. Allerdings ist ein Fußmarsch von 40 Tagen notwendig. Sie erinnern an die 40 Jahre, die das Volk Israel zwischen Hoffen und Bangen in der Wüste verbrachte. Auf dem Berg Sinai gewinnt Elia wieder Klarheit. Gottes Sanftmut umfächelt ihn wie ein milder Wind. Auf dem Berg gewinnt Elia Kraft zum Positiven. Als er wieder in die Gegend kommt, wo er von der Staatsgewalt wegen seiner Grausamkeit gesucht wird, muß er sich verstecken. Und wer versteckt ihn?: Eine heidnische Frau – die Witwe von Zarpat, eine arme Frau, am Rande der Gesellschaft lebend. Ich denke, Elia hat seine Lektion gelernt. Gott will nicht gerechtigkeitsfanatischen Aktivismus, sondern Liebe ohne Vorbedingung. Da sind wir schon mitten in der Bergpredigt. Auch Jesus kommt nicht ohne weiteres zu seiner Erkenntnis. Im 4. Kapitel des Matthäusevangeliums wird uns in der Versuchungsgeschichte erzählt, wie Jesus sich wehren muß:

- Gegen die Gier nach Leben. Dabei kann jeder verstehen, wenn man nach einer langen Fastenzeit Hunger hat. Aber das Wunder, daß aus Steinen Brot wird, findet nicht statt.
- Gegen die Gier der Voyeure nach immer neuen Sensationen und gegen die eigene Eitelkeit, die einen gern das Außergewöhnliche tun läßt, damit man bewundert wird. Der Sprung von der Tempelmauer findet nicht statt.
- Die Versuchung der Macht ist das Schwerste. Angesichts der Macht, die man haben könnte, braucht es kein Versteckspiel. Die Verführung zur Macht findet ohne Maske statt. Aber Jesus verzichtet. Er erkennt das Teuflische der Macht, er läßt sich auf die Ohnmacht ein, auf die Macht der Machtlosen, auf die Macht der Liebe.

Was Jesus uns in der Bergpredigt erzählt, scheint mir darum auch dreierlei zu sein, und zwar das Gegenbild der Versuchungen:

- Man kann vor der gegenwärtigen Situation nicht die Augen verschließen. Allerdings hilft die Kompetenz der Experten wenig, viel aber ein »reines Herz« und ein »sanfter Mut«. Das ist das Wunder der anderen Art.
- Der Sprung ins Vertrauen findet statt. Es ist die Liebe, die alles riskiert – und das ohne Sicherungsseil.

- Das Sich-Einlassen auf die Ohnmacht ist noch schwerer als der Versuchung der Macht zu widerstehen. Die Macht der Liebe zu erkennen, heißt Machtverhältnisse umkehren. Nichts fürchten die Mächtigen so sehr wie die Macht der Friedensstifter, ist dies doch eine Revolution dessen, was bisher als selbstverständlich galt.

2. Beispiel aus der Geschichte

Dies läßt sich an Beispielen aus Gandhis Leben verdeutlichen.
Sehr brauchbar ist dazu das Buch von Cathérine Clément: Gandhi. Der gewaltlose Widerstand. Ravensburg: Maier 1991.
Dazu ließe sich dann ein Text Gandhis zitieren (s. o.) oder aus dem Büchlein: Mahatma Gandhi: Worte des Friedens (Hg. und Einleitung: Maria Otto). Freiburg u. a.: Herder 1992[9]. Die dortigen Gandhi-Texte sind nach den Seligpreisungen der Bergpredigt geordnet.

3. Beispiel aus der Umgebung

Der serbische Bildhauer und Holzschnitzer Mile Prerad stammt aus dem Dorf Nisevici am Fuße des Kozara-Gebirges in Bosnien. Hier leben seit Jahrhunderten 25 Völker und Minderheiten im friedlichen Miteinander. Seit mehr als zwanzig Jahren lebt und arbeitet Prerad in Deutschland (in Menden/Sauerland). Er möchte in der von nationalen Tönen geprägten Auseinandersetzung in seiner Heimat nicht tatenlos zuschauen, denn der Friede - die große Sehnsucht aller Menschen - bedarf der tatkräftigen Unterstützung und Hilfe. So fährt er immer wieder unter großen Risiken in seine Heimat: Denn wer sich in Serbien öffentlich für das friedliche Zusammenleben der verschiedenen Volksgrupen ausspricht, gilt als Verräter.
Im März 1991 begann er in seinem Heimatdorf mit den Arbeiten für den Friedensbaum. In den Stamm einer 350jährigen Eiche arbeitete er die Skulpturen der unterschiedlichen Menschen Bosniens ein. In Deutschland fertigte er ein Kuzifix an, das einen in der Mitte gespaltenen Christus zeigt. Dieses Kreuz will er in verschiedenen Orten Deutschlands und Ex-Jugoslawiens mit Gleichgesinnten vervollständigen und nach Bosnien bringen, um es als Zeichen des Friedens auf die Eichenskulptur zu stellen.
Er sagt: »Mir sind Freiheit, Kunst, Phantasie und Talent die einzige Partei im Glauben an Nation und Heimat. Im ehemaligen Jugoslawien gründete ich eine Friedensinitiative der Künstler, die sich ausschließlich der Menschlichkeit und Versöhnung über Nationalitäten und Glaubensgrenzen hinweg verpflichtet fühlen. Mein Friedensbaum steht als Zeichen dieser schweren Aufgabe, die der Unterstützung bedarf.«

4. Warum diese Überlegungen zum Reformationsfest?

Zwei Menschen zeigen auf ihre je besondere Weise, daß es Sinn hat, die Bergpredigt als Handlungsanleitung zu benutzen. Es ist also nicht wahr,

wenn sogar Bischöfe sagen, daß die Bergpredigt nicht als Richtschnur für politisches Handeln taugt. Es gibt wenig Gegenbeispiele, aber es gibt sie. Und immer sind es Menschen, die der Spirale der Gewalt die Gewaltlosigkeit und vorurteilsfreie Liebe entgegensetzen: Ärzte ohne Grenzen, Journalisten in Krisengebieten, Rechtsanwälte, die sich um Verfolgte kümmern, Psychotherapeuten, die Folteropfer betreuen. Es gibt sie, die Menschen der Bergpredigt. Sollten wir nicht wenigstens versuchen, zu ihnen zu gehören?
Wenn wir diese Seligpreisungen nun am Reformationsfest gehört haben, so könnte Reformation für uns heute bedeuten, daß wir unsere Ansichten über Gerechtigkeit, Mut und Gewalt revidieren und bei uns selbst anfangen, der Sanftmut Raum zu geben, Barmherzigkeit vor Rechthaberei setzen und nicht im Herzen unsere eigenen Interessen pflegen. Sanftmütig zu sein ist eine Kunst, weil sie nicht Schwäche, sondern Stärke bedeutet, aber eben die Macht der Liebe, so wie das weiche Wasser den harten Stein bricht. Handeln mit der Bergpredigt? Versuchen wir es doch. Es kann nur besser werden als bisher. Amen.

Kontexte

Eine buddhistische Bergpredigt? Oder: Fünf wunderbare Richtlinien

Die erste Richtlinie
Des Leides bewußt, das durch die Zerstörung von Leben entsteht, gelobe ich, mitfühlende Zuwendung zu üben und Wege zu beschreiten, um das Leben von Menschen, Tieren und Pflanzen zu schützen. Ich bin entschlossen, nicht zu töten, das Töten durch andere zu verhindern und niemals den Akt des Tötens, ob in der Welt, in meinen Gedanken oder in meiner Lebensart zu dulden.

Die zweite Richtlinie
Des Leides bewußt, das durch Ausbeutung, soziale Ungerechtigkeit, Diebstahl und Unterdrückung entsteht, gelobe ich, liebende Güte zu pflegen und Wege zu beschreiten, die zum Wohlergehen der Menschen, Tiere und Pflanzen beitragen. Ich gelobe Großzügigkeit zu praktizieren, indem ich Zeit, Energie und materielle Mittel mit denen teile, die in Not sind. Ich bin entschlossen, nicht zu stehlen oder etwas zu besitzen, was anderen gehört. Ich will das Eigentum anderer respektieren und werde andere davon abhalten, vom menschlichen Leiden und dem Leiden anderer Wesen auf der Erde zu profitieren.

Die dritte Richtlinie
Des Leides bewußt, das durch sexuelles Fehlverhalten entsteht, gelobe ich, Verantwortung zu kultivieren und Wege zu beschreiten, die die Sicherheit und Integrität von Individuen, Paaren, Familien und der ganzen Gesellschaft schützen. Ich bin entschlossen, mich nicht ohne Liebe und eine langfristige Verpflichtung in eine sexuelle Beziehung einzulassen. Um mein eigenes und das Glück anderer zu erhalten bin ich entschlossen, meine Verpflichtungen und die der anderen zu respektieren. Ich will alles in meiner Macht Stehende tun, um Kinder vor sexuellem

Mißbrauch zu schützen und um zu verhindern, daß Paare und Familien durch sexuelles Fehlverhalten auseinanderbrechen.

Die vierte Richtlinie
Des Leides bewußt, das durch unachtsame Rede und durch die Unfähigkeit, anderer zuzuhören, entsteht, gelobe ich, eine einfühlsame Rede und ein tief mitfühlendes Zuhören zu kultivieren, um anderen Freude und Glück zu bringen und andere in ihrem Leiden zu erleichtern. Wissend, daß Worte Glück als auch Leid hervorbringen können, gelobe ich, wahrhaftig reden zu lernen und Worte zu gebrauchen, die Selbstvertrauen, Freude und Hoffnung wecken. Ich bin entschlossen, keine Neuigkeiten zu verbreiten, bevor ich mich versichere, daß sie der Wahrheit entsprechen, und alles, worüber ich nichts Genaues weiß, werde ich nicht kritisieren oder verurteilen. Ich werde Worte vermeiden, die Spaltung oder Uneinigkeit hervorrufen sowie Worte, die das Zerbrechen von Familien oder der Gesellschaft verursachen. Ich will alles daran setzen, Konflikte wieder auszugleichen und aufzulösen, auch wenn sie noch so klein sind.

Die fünfte Richtlinie
Des Leides bewußt, das durch unachtsamen Konsum entsteht, gelobe ich, auf körperliche und geistige Gesundheit zu achten, sowohl meiner eigenen, wie auch der meiner Familie und meiner Gesellschaft, durch die Übung achtsamen Essens, Trinkens und Konsumierens. Ich gelobe, nur das zu mir zu nehmen, was Frieden, Wohlergehen und Freude in meinem Körper, in meinem Bewußtsein und in dem kollektiven Körper und Bewußtsein meiner Familie und der Gesellschaft bewahrt. Ich bin entschlossen, keinen Alkohol oder irgendein anderes Rauschmittel zu mir zu nehmen sowie Nahrungsmittel oder andere Dinge, die Gifte enthalten, z.B. gewisse Fernsehprogramme, Magazine, Bücher, Filme und Gespräche. Ich bin mir bewußt, daß es ein Verrat an meinen Vorfahren, Eltern, der Gesellschaft und den zukünftigen Generationen bedeutet, wenn ich durch diese Gifte den Körper und das Bewußtsein schädige. Ich werde an der Transformation von Gewalt, Angst, Ärger und Verwirrung in mir selbst und in der Gesellschaft arbeiten, indem ich eine maßvolle Lebensweise für mich selbst und für die Gesellschaft praktiziere. Ich habe erkannt, daß so eine Lebensweise für die Transformation der eigenen Person und der Gesellschaft entscheidend ist.

»Fünf wunderbare Richtlinien«, hier in der Fassung von Thich Nhat Hanh. Der (etwas gekürzte) Text findet sich in »Lotusblätter« Nr. 2/1995, Seite 2, ergänzt durch liturgische Hinweise zur Rezitation, wie sie in einer Reihe von tibetisch-buddhistischen Zentren durchgeführt werden.

Erasmus von Rotterdam zu den Seligpreisungen
»Erforsche dessen (= Christi) gesamte Lehre: Nichts wirst du irgendwo finden, was nicht Frieden atmet, was nicht Freundschaft preist, was nicht nach Nächstenliebe schmeckt. Und da er sah, daß der Friede sonst nicht bestehen kann, wenn man das nicht völlig verachtet, wofür die Welt erbittert kämpft, bat er, daß wir von ihm lernen, sanftmütig zu sein. Selig nannte er, wer den Reichtum und dessen Abkömmling, den Hochmut für nichts ansieht, denn die nannte er die Armen um des Geistes willen; selig, die die Freuden dieser Welt verachten, welche er die Trauernden nannte, die sich aussetzen, von ihen Besitzungen vertrieben zu werden, weil sie wissen, daß hier nichts anderes als ein Exil sei, die wahre Heimat, die wahre Besitzung den Seligen im Himmel bereitet sei. Selig, die sich um alle wohlverdient machen,

auch wenn sie Übles hören und Übles erleiden. Er befiehlt, daß man sich dem Übel nicht widersetzen möge. Kurz, wie all seine Lehre, Geduld und Liebe vorschreibt, so lehrt sein ganzes Leben nichts anderes als Sanftmut. So hat jener regiert, so hat er gekämpft, so gesiegt, so triumphiert. Nichts anderes haben die Apostel eingeschärft, die noch den reinen Geist tranken und von diesem Wein glücklich berauscht waren«.
(Erasmus von Rotterdam, Süß scheint der Krieg den Unerfahrenen, aus dem Lateinischen von Brigitte Hannemann, KT 4, Chr. Kaiser/Gütersloher Verlagshaus, Gütersloh 1987, Seite 60)

23. Sonntag nach Trinitatis

Annäherungen an den Predigttext Matthäus 22,15-22

Birgit Brügge-Lauterjung

Der Predigttext wurde drei interessierten Gemeindegliedern aus verschiedenen Generationen vorgelegt mit der Bitte, Eindrücke, Gedanken, Fragen dazu zu notieren. Außerdem war der Text Grundlage eines Bibelgesprächs in der Frauenhilfe. In allen Fällen war der Text schon vorher bekannt; in der Frauenhilfe wurde der Kernsatz sogar beim ersten Vorlesen von allen auswendig mitgesprochen.

1. Aktualität

- Die Frage nach den Steuern ist immer noch ein umstrittenes Thema.
- Damals gab es auch schon Steuern? - Ja, auch damals haben die den kleinen Leuten schon das Fell über die Ohren gezogen! Das ist wie ein Selbstbedienungsladen für »die da oben«.
- Bei uns gibt es jede Menge Steuern: Lohnsteuer, Einkommenssteuer, Quellensteuer, Vermögenssteuer, Tabaksteuer, Hundesteuer, Salzsteuer, Benzinsteuer, Kfz-Steuer, Vergnügungssteuer, Umsatzsteuer, Erbschaftssteuer, Gewerbesteuer, Grundsteuer usw.
- »Der deutsche Bürger verliert seinen Ruf als ehrlichster Steuerzahler der Welt.«
- Steuerhinterziehung ist bei uns ein Kavaliersdelikt. Was ist von unserem Glauben her dazu zu sagen?
- Wie ist das mit dem Geld in der Kirche und mit der Kirchensteuer? - Alle wollen etwas von der Kirche oder kritisieren sie - aber bezahlen will keiner. (Hintergrund: Kirchenaustrittswelle Januar 1995, begünstigt durch den Solidaritätszuschlag)
- Und noch eine ganz andere Frage: Wie können wir heute mit Heuchlern sprechen? Zum Beispiel, wenn Geizige oder Egoisten sagen: »Ich spende nicht, das Geld kommt doch nicht bei den Bedürftigen an.«

2. Fragen und Bemerkungen zum Text

- Frage nach der Ausgangssituation: Wo ist Jesus?
- Was genau sind das für Leute, die Jesus aufs Kreuz legen wollen?

- Jesus bemerkt ihre Bosheit sofort: warum? wie?
- Warum läßt sich Jesus auf diese Gesprächspartner überhaupt ein? Warum gibt er die Frage nicht zurück, z. B.: Was meint denn ihr?
- Die Frage in Vers 17 ist eine »Fangfrage«.
- Jesus sagt offen, daß er Vorwand und Absicht erkannt hat.
- Die Fragenden werden in die Beantwortung der Frage mit eingebunden.
- Jesus gibt eine Antwort, die für die Fragesteller neue Fragen aufwirft.
- Der Kaiser war Herrscher und Gottheit in einer Person; also soll er seinen Anteil haben.
- Das ist eine klare Aufteilung zwischen Kaiser und Gott.
- Es findet eine Unterscheidung zwischen dem Kaiser und dem »wahren Gott« statt. Was unserem Herrgott zu geben ist, muß mehr sein. Es schließt das Geld nicht aus, ist aber in seinen Geboten und in der Lehre Jesu Christi klarer definiert.

3. Erwartungen an die Predigt

- Klärung: gehört die Münze wirklich dem Kaiser? Wem gehört das Geld/ unser Geld?
- »Gebt Gott, was Gottes ist.« - Trägt, »was Gottes ist«, auch seine Aufschrift, sein Bild? In welcher Weise?
- Was und wie sollen wir geben? - Beispiele für die Gegenwart.
- Wer stellt fest, »was Gottes ist«? Und nach welchen Kriterien?
- Die Antwort Jesu bürdet letztlich uns die Entscheidung auf. Welche Entscheidungshilfen gibt es?

Die Frage nach der Steuer ist nach wie vor für alle ein brisantes Thema. Eng damit verbunden ist die Erfahrung der Ohnmacht der kleinen Leute gegenüber denen, die Steuern festsetzen und über deren Verwendung verfügen sowie gegenüber denen, die sich ihnen im großen Stil entziehen. Bei der Frage nach Gott fühlen sich die Befragten auf festerem Boden.
Besondere Aktualität erlangt der Text noch einmal auf dem Hintergrund der angespannten Finanzsituation der Kirchen und Gemeinden und der Diskussion über die Kirchensteuer.
Beim Lesen des Textes erinnerte ich selbst mich an zwei provozierende Zitate:
»Gebt doch dem Kaiser sein dreckiges Geld!« (Pinchas Lapide)
»Gebt dem Kaiser, was des Kaisers ist - aber beerdigt ihn anständig.« (Quelle unbekannt)

Zum Gottesdienst

Gerhard Engelsberger

Exegetisch-homiletische Skizze

Das ist gerade das Schwierige; der Text legt sich so verständlich nahe. Vorurteile sind abrufbar, am Geld klebt das Unrecht – und doch verdienen wir alle unsere Brötchen auf diese Weise. Ich möchte keine Diskussion über Nullrunden oder Prozentpunkte führen, auch wenn an diesem Punkt das Gespräch plötzlich heftig wird und jeder schimpfen kann. Ich möchte Christus predigen, – ein absonderliches Geschäft angesichts von über vier Millionen Arbeitslosen, einer kaum noch nachvollziehbaren Steuergesetzgebung, über die die Kirchen insbesondere deshalb jammern, weil sie am Einnahmetopf nicht partizipieren. Arbeitslose und »sozial Schwache« zahlen keine Steuer, und – wäre die Kirchensteuer an die Mehrwert- oder Mineralölsteuer gebunden, nicht an die Lohn- und Einkommensteuer, wären manche Kirchenvorsteher sehr viel zurückhaltender in ihrer Kritik. Nein: Kritischer sollten die Kritischen sein.

Unterm Strich ist die homiletische Großwetterlage ungünstig für eine Predigt über unseren Text. Das Thema »Steuer« ist negativ besetzt. Wenn man nicht nur Vorurteile über »die da oben« nicht bestätigen will – wir Pfarrerinnen und Pfarrer gehören doch dazu! –, muß man einen anderen Anknüpfungspunkt suchen.

Vielleicht ist der Schlußsatz der Perikope, wenn man die Larmoyanz läßt, ein Anknüpfungspunkt: Sie laufen weg. Sie laufen weg, haben interessant diskutiert, ein spannendes Gespräch geführt, ein »Angebot wahrgenommen«, – und nun lassen sie ab und gehen einfach davon.

Das Elend der Steuern: »Während der 300 Jahre von den Makkabäern bis zum Ende der jüdischen Unabhängigkeit unter Bar-Kochba entfachten die Juden nicht weniger als 62 Kriege, Aufstände und Rebellionen gegen die Oberherrschaft der Griechen und Römer. 61 davon gingen von Galiläa aus, der Heimat Jesu und seiner Jünger – und alle begannen mit einer organisierten Kampagne der öffentlichen Steuerverweigerung.«[1] Steuer, und mit der Steuer die Frage der Macht stehen gleich zu Beginn des Lebens Jesu mit im Mittelpunkt des Interesses. Jesus wird in Bethlehem zur Zeit einer Steuereinschätzung unter Quirinius geboren. Vielleicht hat Lukas diese Notiz ca. 80 Jahre nach diesem Geschehen gegen den jüdischen Strich gebürstet, zugunsten Roms, mit dem es sich die gefährdete Christenheit besonders nach dem fatalen Ende des jüdischen Krieges, nach Nero, Verfolgung und Martyrium nicht verderben wollte. Jüdische Gelehrte vermuten dies, sicherlich nicht ganz zu Unrecht.[2] Lapide vermutet sogar, daß

1 P. Lapide, Er predigte in ihren Synagogen, Gütersloh 1980, Seite 39
2 a.a.O.

Joseph die im 1. Chronikbuch als »Teufelswerk« verbotene Volkszählung der Römer und den damit verbundenen Steuertribut an die Besatzungsmacht verweigerte und deshalb aus Nazareth nach Bethlehem floh.[3] Vieles, was z. B. an der Geburtsgeschichte so schwer zu verstehen ist, fände dann eine einfache Erklärung: Hütte oder Höhle als Unterschlupf; die Hirten – unterste soziale Schicht; Potential für Aufruhr – als erste Zeugen der Geburt; die beschwerliche Reise mit einer hochschwangeren Frau, die durch die Volkszählung allein geschichtlich nicht zu begründen ist. Nahtlos könnte sich die Flucht der ganzen Familie noch weiter in den Süden bis nach Ägypten in dieses Bild fügen. Joseph, der Vater Jesu, wäre unter die gesetzestreuen Galiläer zu zählen, die sich zu keinem Zeitpunkt mit der Fremdherrschaft der gottlosen Provokateure aus Rom abgefunden haben.

Liest man dann noch die zeitgenössische Beschreibung einer »Schätzung«, die zur Steuererhebung führt, dann verstünde man nicht nur Joseph – falls die Deutung des jüdischen Gelehrten zutrifft –, sondern man kann auch das ganze Aufbäumen des ausgesaugten, verarmten Volkes verstehen: »Die Steuerbeamten erschienen allerorts und brachten alles in Aufruhr. Die Äcker wurden Scholle für Scholle vermessen; jeder Weinstock und Obstbaum wurde gezählt, jedes Stück Vieh registriert, die Kopfzahl der Menschen wurde notiert. In den Städten wurde die Bevölkerung zusammengetrieben, alle Marktplätze waren verstopft von herdenweise aufmarschierenden Familien. Überall hörte man das Schreien derer, die mit Folter und Stockschlägen verhört wurden; man spielte Söhne gegen Väter aus, die Frauen gegen ihre Ehemänner. Wenn alles vergeblich durchprobiert war, folterte man die Steuerpflichtigen, bis sie gegen sich selbst aussagten. Und wenn der Schmerz gesiegt hatte, schrieb man steuerpflichtigen Besitz auf, der gar nicht existierte. Es gab keine Rücksichtsnahme auf Alter und Gesundheitszustand.« So der Römer Lactantius über die Schätzungsmethoden seiner Landsleute[4].

In einem Land, in dem 75% aller Einwohner von der Landwirtschaft leben, ist eine Kopfsteuer nicht nach dem Ertrag des Bodens, sondern in festen, absoluten Beträgen entsprechend der Größe des Landstückes, ein andauernder sozialer Sprengsatz. Zwei Jahre Trockenheit, und die Bauern sind verarmt, verschuldet, müssen das Saatgut für das nächste Jahr an einige wenige Große verkaufen, um die Steuer bezahlen zu können. Der Jude Philo von Alexandrien, Zeitgenosse Jesu, stellt fest: »Den unseligen Bauern Judäas blieb nur die Möglichkeit, sich den Gewalttaten der Steuereinnehmer zu entziehen, und zwar durch Flucht.«[5]

3 Gollwitzer/Lapide, Ein Flüchtlingskind, München 1981, Seite 11 ff.
4 De mortibus persecutorum, 23,1 ff.
5 zit. nach H. Schröder, Jesus und das Geld, Wirtschaftskommentar zum neuen Testament, Karlruhe 1979, Seite 46

Steuern waren also immer wieder Anlaß zum Aufruhr. Ca. 35% Steuern waren vom erwachsenen Juden zu erbringen, 12% etwa für Rom und 23% für Tempeldienst, jüdische Verwaltung und Priesterschaft.
Die Tempelsteuer ist eine ganz eigenartige Sache. Eine uralte Geschichte. Sie stammt noch aus der Zeit am Sinai. Eine Steuer für Männer. Jeder, der älter als 20 Jahre und von Mose gemustert ist, muß ein halbes Schekel Silber bezahlen, als Sühnegeld, als Lösegeld. An wen? An die Diener am Heiligen Zelt, an die Priester. Zu Jesu Zeiten war diese Steuer längst seit fast einem Jahrtausend an die Priester im Tempel übergangen. Zwischen dem 15. Februar und dem 15. März, im Monat Adar, war diese Steuer fällig. Im Nisan, im darauffolgenden Monat, wurde der Mann aus Nazareth gekreuzigt. Ein halbes Schekel (Lot) Silber. Nicht sehr viel. Ein Schekel wog 13,62 Gramm. 7 Gramm Silber für jeden erwachsenen Mann als Kirchensteuer. Aber rechnen wir das durch: In Palästina lebten damals etwas mehr als eine Million Juden. Über 5 Millionen lebten außerhalb in den Nachbarländern, überall am Mittelmeer bis Südfrankreich und Spanien. Und jeder erwachsene Mann zahlte im Tempel oder schickte jährlich die Tempelsteuer nach Jerusalem. Dann wird uns plötzlich die ganze Tragweite der Geschichte klar. Da kann es nicht um das bißchen Tempelsteuer des Rabbis aus Nazareth und seiner paar Schüler gehen. Der Tempelschatz war so etwas geworden wie der Garant der Hoffnung auf kommende Größe Israels. Kein Volk der Welt, das so zerstreut lebte und lebt. Kein Volk, das trotz aller Zerstreuung so stark durch ein gemeinsames Band verbunden war. Und am Tempel in Jerusalem, da war sozusagen der Knoten, der Konzentrationspunkt aller Gedanken, Gebete, Hoffnungen. Die Tempelsteuer war ein Ausdruck dafür. Wallfahrten zu Hunderttausenden ein anderer.
Übrigens - fast wie heute - hat der Kaiser Augustus diesen Tempelsteuereinzug staatlich geschützt. Vor ihm Cäsar auch. Schon aus diesem Grund mag für Männer aus Galiläa, Unruheherd Nr. 1 dieser Gegend, die Tempelsteuer fraglich gewesen sein. Galiläische Juden waren auch von der Tempelsteuer befreit. Anscheinend tauchten zur Zeit Jesu die ersten Eintreiber auf und versuchten durch moralischen Druck dieses Privileg zu unterhöhlen.
Und noch etwas wird die wenig kompromißbereiten Galiläer gestört haben: Das Bild auf dem Schekel des Heiligtums. Geschäftstüchtig, wie mit gutem Recht die Priester des Heiligtums waren, fragten sie, wie wir heute auch, wenn wir eine Menge Geld anlegen wollen: Was ist die sicherste Geldanlage?
Nun, die sicherste Währung jedenfalls war fast zwei Jahrhunderte lang - und auch zur Zeit Jesu - die »Tyros-Münze«. Also wechselten in den Vorhöfen des Tempels Geldwechsler das Geld aus aller Herren Länder in die inflationssicheren Tyrusmünzen um. Mit diesen wurden die Opfertiere gekauft. Und in Tyrusmünzen war die Tempelsteuer zu entrichten. Nur, diese Münzen hatten einen schwerwiegenden Fehler: Sie trugen Bilder

fremder Götter. Auf der Vorderseite den Stadtgott von Tyrus, auf der Rückseite ein Zeus-Symbol. Im religiösen Zentrum des Judentums, im Symbol der Hoffnung, horteten die Priester Götzengeld als »Opfer der Versöhnung«.

Vielleicht ahnen wir das Motiv Jesu für die »Tempelreinigung«, eine Story, die parallel zu der Frage der Pharisäer gelesen werden will. Vielleicht wird uns damit die Reaktion der Priester verständlicher. Jesus greift mit dieser Aktion in das Räderwerk eines eingespielten Systems; wohl auf Kompromissen aufgebaut, aber die Bedenken schleifen sich mit den Jahrzehnten ab.

Als Jerusalem überquillt von Wallfahrern zum Fest, als die Truhen der Priester überquellen von Tyrusmünzen, voll mit Tempelsteuergeldern und dem Wechselgeld vom Verkauf der Opfertiere. Als es keinen geeigneteren Zeitpunkt für eine Revolte gibt, am Ende des Tempelsteuermonats, da nennt Jesus den Tempel eine Räuberhöhle, wirft voll Ärger und angewidert Tische mit dem Götzengeld um und jagt - nach Johannes - einige Händler und Wechsler sogar aus dem Vorhof des Tempels.

Zu den Steuern kamen vielerlei Zölle hinzu. Eingezogen wurden sie an Brücken, Stadt- und Landesgrenzen. Ein Unrechtssystem in sich. Es konnte also nicht nur die Höhe der Steuer sein, die Galiläer und Judäer so erregte. Es war die provokante Demonstration der Macht, mit der beispielsweise ein Pontius Pilatus - von Rom abgesandt vom »Judenhasser« Seianus, der in Rom als Gardepräfekt regierte, während sich der Kaiser Tiberius kränkelnd und apathisch auf Capri zurückzog - römische Feldzeichen auf dem Tempelplatz hißt und Münzen mit beleidigenden Bildern einführt. Pure Arroganz der Macht. Absichtliche Provokation der Aufrührer. Gefangennahme und Hinrichtung der Rädelsführer. Ein wie oft gespieltes Spiel.

Taktik und Strategie: »Ist es recht, daß man dem Kaiser Steuern zahlt oder nicht?« Geschickter kann man nicht fragen. Auf dem Tempelplatz sind sie alle versammelt: Tempelaristokratie und ihre Helfershelfer, römische Soldaten, Anhänger Jesu, Pilger. Verweigert er die Steuer, ergreifen ihn die römischen Soldaten wegen Aufruhr. Sagt er ja zur Steuer, ist er bei der Mehrzahl seiner frommen Anhänger abgeschrieben. Er kann eigentlich nur den Kürzeren ziehen. Es lohnt sich, das folgende genau zu lesen. »Zeigt mir die Steuermünze!«, sagt Jesus, »ich will sie sehen.« (Markus 12,15) Jesus hat also keine Steuermünze bei sich. Er muß sie sich erst auch anschauen, denn er kennt sie nicht. Und als »die Pharisäer und Anhänger des Herodes« dann merken, daß er nun ihrerseits sie entlarvt, wo sie hin doch in die Enge treiben wollten, ist es zu spät. Sie reichen ihm den Denar und zeigen damit, daß sie längst dieses verfluchte Geld angenommen hatten, auf dem der fremde Kaiser Tiberius sich auf der Vorderseite als Gott und auf der Rückseite als Hoherpriester feiern läßt. Jesus betrachtet nicht einmal selbst diesen gotteslästerlichen Silberdenar, er läßt sich Bild und Text auch noch erläutern: »Wessen Bild und Aufschrift ist das?« Es ist des Kaisers Bild und die ganze

Münze ist eine einzige, monetäre Gotteslästerung für jeden Juden. Sie haben sich also längst arrangiert mit der fremden Macht, mit diesem angemaßten Gott auf dem Kaiserthron in Rom. »Ihr Heuchler!« Das Volk, dessen Angehörige täglich beten: »Höre Israel, der Herr ist unser Gott, der Herr allein« (5. Mose 6,4), dessen zentrale Gebote mit dem Anspruch der Einzigkeit Gottes beginnen und dann fortgeführt werden mit dem Verbot, sich irgendein (Götter)-Bildnis zu machen, muß spüren, wes Geistes Kind die Provokateure sind, die sich Jesus an die Fersen geheftet haben, um ihm einen Strick zu drehen. Das Gesetz Mose sieht nicht einmal (Steuer-)Abgaben an den eigenen König vor, nur an Tempel, Tempeldienst und Bedürftige. Die Heuchler trugen ihren mehrfachen Gesetzesbruch selbst in der Tasche.

Was bleibt, ist eine der mißverstandensten Aussagen des Nazareners. Nicht erst Lukas, aber besonders er hat auf diesem Satz und dem paulinischen Echo in Römer 13 ein System des Gehorsams gegen den Staat (Obrigkeit) abgeleitet, das Jesu Aussage gerade ins Gegenteil verkehrt: »Nun gebt dem Kaiser, was des Kaisers ist und Gott, was Gottes ist.« Schon eine exakte Übersetzung reicht, um den daraus abgeleiteten Herrschaftsanspruch der Obrigkeit zu untergraben. Es heißt nicht »gebt dem Kaiser«, sondern »gebt dem Kaiser zurück«[6]. Laßt die Hände weg von diesen gotteslästerlichen Münzen. Gebt sie dahin zurück, wo ihr sie herhabt. Ihr seid des Einen Gottes Ebenbild und tragt das Götzenbild mit euch herum. Die Münze mit seinem Bild, die schuldet ihr dem Kaiser. Gebt sie zurück! Euch selbst, schuldet ihr allein dem einen Gott.

»Von dir ist alles gekommen, und von deiner Hand haben wir es dir gegeben.« (1. Chronik 29) Eine zu Jesu Lebzeiten weitbekannte rabbinische Auslegung[7] sagt: »Gib Gott von dem Seinigen, denn du und all das Deinige gehören ja ihm!« Da ist nichts, was dem Gott-Kaiser in Rom bliebe.

Vorschläge zur Liturgie

Psalm EG 780

Lieder

EG 440,1–4 All Morgen ist ganz frisch und neu (Zwick/Walter)
EG 320,1.8 Nun laßt uns Gott dem Herren (Helmbold/Selnecker)
EG 408,1–6 Meinem Gott gehört die Welt (Pötzsch/Lahusen)
EG 643,1–3 Fürchte dich nicht (Baltruweit)
EG 420,1–5 Brich mit den Hungrigen dein Brot (Barth/Janssen)

6 apodote = gebt zurück, was ihr erhalten habt
7 Im Talmudtraktat Abot (Sprüche der Väter), III, Seite 8

Eingangsgebet
Ewiger Gott,
unsere Hoffnungen tragen die falschen Namen,
unsere Träume sind geprägt von anderen Bildern,
wir haben dich verfehlt.
Auf Umwegen sind wir unterwegs.
Dein Wille und unser Vorteil hat sich vermischt,
wir drehen uns um uns selbst.
Richte uns auf und stärke unseren Glauben.
Herr, erbarme dich.

Kollektengebet
Dreieiniger Gott,
Ohren hast du uns gegeben, zu hören,
sie hören so schlechte Nachrichten.
Augen hast du uns gegeben, zu sehen,
sie sehen soviel Unrecht und Leid.
Hände hast du uns gegeben, Gutes zu tun,
uns mißlingt so vieles.
Füße, Beine und Rückgrat hast du uns gegeben,
aufrecht unsre Wege zu gehen,
wir drehen uns auf der Stelle.
Nun komm,
in Jesu Christi Namen,
richte uns auf
und schenke uns die Kraft des Heiligen Geistes.
Amen

Fürbittengebet
EG 810,1 (O Herr, mach mich zu einem Werkzeug deines Friedens) gemeinsam beten

Vorschlag zur Predigt

a) Michel de Montaigne, ein kluger, nachdenklicher Adliger des 16. Jahrhunderts (1533–1592) warnt seine Zeitgenossen, daß sie sich von Gott kein falsches Bild machen sollen. Er schreibt: »Gott ist nicht dein Gevatter, dein Landsmann, dein Geselle ... Der Mensch knüpft tausend gemütliche Beziehungen zwischen sich und Gott. Man könnte meinen, Gott sei sein Landsmann ... Summa, wenn der Mensch Gott Eigenschaften zuspricht oder abspricht, so formt er das Bild der Gottheit immer nach seinen eigenen Anlagen. Was für ein Muster und Modell! Dehne, erhebe, vergrößere deine Eigenschaften, so viel du willst! Bläh dich, armer Mensch, weiter, weiter,

weiter, immer weiter, platze nur! Unsere Straße führt nicht hinauf zu Gott. Auf dem Mont Cenis sind wir dem Himmel nicht näher als auf dem Grund des Meeres.«

b) Verschiedene Geldscheine zeigen.

Was erkennen Sie darauf?

Die Bilder auf den Scheinen werden erklärt, die Namen genannt.

c) Wahrscheinlich gibt es wenige, die vom Zehnmarkschein bis zum Tausender locker das Geld aus der Tasche ziehen und zeigen könnten. Wenn man so einen Tausendmarkschein oder einen Fünfhunderter in der Hand hält, das ist schon ein besonderes Gefühl, - nicht nur für Kinder.

Mit diesem Geld kaufen wir uns ein in die Welt der Träume.

Mit diesem Geld kaufen wir uns ein in das Spiel der Händler.

Mit diesem Geld bezahlen wir unseren Urlaub, unser täglich Brot und unsere Beerdigung.

Mit diesem Geld kann man auf einen ruhigen Lebensabend hoffen und auf einen gelungenen Ehestart.

Und doch ist alles ein Zerrbild, - eine Fiktion, - eine Lüge, - ein Bild der Entfremdung.

d) Menschen kommen zu Jesus und zeigen ihm Geld. Und am Geld scheiden sich die Geister. Machst du mit? Bist du dabei? Tust du nur so und können wir dich entlarven, oder bist du wirklich so ein Exot. »Gott oder Mammon«, stammt das nicht von dir, Jesus?

e) Lesung des Predigttextes Matth 22,15 ff.

f) Was gehört dem Staat, den Händlern und den Machern?

Und was gehört Gott?

g) Es geht nicht um die Frage, ob wir Steuer bezahlen sollen oder nicht. Das hatte die frühe Kirche Jesu Christi bald geregelt: Ja, Steuern sind zu bezahlen. Aber: Verkaufe dich dabei nicht. Ganz heraushalten kannst du dich nicht, aber laß dich nicht entfremden. Mische dich ein in die Welt der Wechsler und Händler, aber gib dein Leben nicht preis.

Gib dem Kaiser zurück, was du vom Kaiser hast, - es sind alles vergängliche, oft abhängig machende, austauschbare Dinge. Die Laufzeit ist begrenzt. Die Verträge sind so geschlossen, daß du auf Dauer den Kürzeren ziehst.

Und bewahre das, was du von Gott empfangen hast, für Gott. Für den Kredit bürgt er selbst, und im Kleingedruckten findest du Worte wie »Gnade«, »Versöhnung«, »Ewigkeit« und »Trost«.

Kontexte

a) Die Barmer Bekenntnissynode hat im Jahr 1934 in der größten Herausforderung der Christenheit angesichts des Herrschaftsanspruchs des Nationalsozialismus über alle Bereiche des Lebens klar und zukunftsweisend die unbegrenzte Herrschaft Gottes in Jesus bekannt: »Wir verwerfen die falsche Lehre, als gebe es Bereiche unseres Lebens, in denen wir nicht Jesus Christus, sondern anderen Herren zu eigen wären, Bereiche, in denen wir nicht der Rechtfertigung und Heiligung bedürften.«

b) Ein Schüler des Kungtse (Konfizius) sah einen Gärtner, der, um das Wasser zum Begießen seiner Beete zu holen, jedesmal mit dem Gefäß in den Brunnen hinunterstieg. Er fragte ihn, ob er sich die Arbeit nicht erleichtern wolle. »Wieso denn?«, erwiderte dieser. Kungtses Schüler sprach: »Man nimmt einen hölzernen Hebelarm, der hinten beschwert und vorne leicht ist. Auf diese Weise kann man das Wasser schöpfen, daß es nur so sprudelt. Man nennt das einen Ziehbrunnen.« Da antwortete der Gärtner, der ein Weiser war: »Ich habe meinen Lehrer sagen hören: »Wenn einer Maschinen benützt, so betreibt er alle seine Geschäfte maschinenmäßig; wer seine Geschäfte maschinenmäßig betreibt, der bekommt ein Maschinenherz; wenn aber einer ein Maschinenherz in der Brust hat, dem geht die reine Einfalt verloren.«
(Aus den Schriften des Dschuang Dsi aus dem 5. Jh. v. Chr.)

Drittletzter Sonntag des Kirchenjahres

Annäherungen an den Predigttext Lukas 17,20–24 (25–30)

Bernd Ahrens

Der Text wurde einer offenen Gesprächsrunde mit überwiegend älteren Erwachsenen vorgelegt. Er wurde laut vorgelesen und anschließend hatten die Teilnehmer Gelegenheit anhand einleitender Fragen (s. Anlage 1) erste Eindrücke zu formulieren:

Herr G.: »Der Text macht mir Angst, denn auch ich bin bloß ein Mensch, der den beschriebenen Versuchungen unterliegt. Werde ich in solcher Situation das richtige Gotteswort hören?«

Herr Sp.: »Auch mir macht der Text Angst, denn er gipfelt in Vers 30 in der Perspektive eines allgemeinen Umbringens. Ist es das, was mich erwartet?«

Herr F.: »Mir drängen sich ebenfalls diese sehr massiven Untergangsszenarien auf. Man achte doch nur einmal auf das Wörtchen ›alle‹ in Vers 27. Da interessiert mich natürlich schon, wie man einem solchen Szenario entgehen kann!«

Herr Sp.: »Ich frage mich, ob der Text ein Zukunftsereignis beschreibt, oder ob die Dinge, die dort beschrieben werden, in Wahrheit nicht schon längst passieren. Bei allem aber ist mir Vers 20 wichtig: Das Reich Gottes kommt nicht so, daß man's beobachten kann – es könnte also auch ganz anders sein, als es hier beschrieben ist. Das läßt mir ein Türchen offen.«

Frau H.: »Ich höre aus diesem Text, daß das Reich Gottes nicht schlagartig kommt. Es ist schon längst da und doch noch im Werden. Nun frage ich mich allerdings, ob das werdende Gottes-Reich unter uns ein solches Ende haben soll? Ich bringe nicht zusammen, daß wir alle untergehen sollen, wenn der Menschensohn erscheint! Da stehen doch Widersprüche drin, die sich nicht so ohne weiteres auflösen lassen!«

Frau Sch.: »Auf mich wirkt diese Rede Jesu eher tröstlich. Man stelle sich vor: Wenn das wirklich wahr sein sollte, das Reich Gottes wirklich unter uns ist ... was das für uns bedeutet!«

Frau W.: »Mir geht es genauso. Es hilft mir ungemein zu wissen, daß Gott immer da ist – in Trauer, in Freude ... Immer ist er da, bei mir. Immer ist er unter uns, auch bei all dem Schlimmen und Schlechten, das hier beschrieben wird.«

Zusammenfassung:

Die Eindrücke sind außerordentlich gegensätzlich; von trostreich bis furchteinflößend reichten die Voten, und es war spannend für die Teilnehmer, diese ganz unterschiedlichen Auswirkungen eines biblischen Textes einander wahrzunehmen.
Ein vorbereiteter Fragenkatalog (Anlage 2) wurde in Kleingruppen besprochen, um tiefer in den Text eizudringen.

Gedankensplitter aus dem Auswertungsplenum:

Herr G.: »Es gibt zwei ganz verschiedene Adressatengruppen (die Pharisäer in den Versen 20 und 21; die Jünger ab Vers 22), und die Rede Jesu scheint sehr stark von diesem Adressaten beeinflußt zu sein.«
Herr A.: »Aber ist es nicht eigenartig, daß gerade den Pharisäern – Jesu Gegnern also – die Gegenwart des Reiches Gottes verheißen ist, den Jüngern dagegen aber das Gericht angesagt wird? Und noch etwas: Gegenüber den beiden Adressatengruppen wird ja in ganz unterschiedlichen Kategorien vom Reich Gottes geredet: In den Versen 20 und 21 geschieht dies in qualitativen Begriffen, ab Vers 22 in zeitlichen. Schwierig wird es, wenn wir den Qualitätsbegriff mit dem zeitlichen Ablauf in einem Atemzug nennen.«
Frau H.: (zu Vers 25): »Jesu Leiden scheint ja ganz offensichtlich durch die Ablehnung seiner Botschaft hervorgerufen worden zu sein. Das muß sich ja nicht unbedingt auf sein gelebtes Leben beziehen. Auch von uns wird er ja nicht ernsthaft akzeptiert. Unsere Distanz zu ihm ist sein Leid.«
Herr F.: »Aber wir sollten beachten, daß in den angeführten biblischen Beispielen (Noah, Lot) nicht alle Menschen dem Verderben ausgeliefert sind. In beiden Fällen gibt es Gerettete.«
Herr M.: »Nun haben die Menschen in Hiroshima auf Gottes Gericht eins drauf gesetzt. Und da gab's keine Geretteten mehr.«
Frau Sp.: »Ist Hiroshima nicht harmlos gegenüber dem, was hier beschrieben wird? Immerhin war Hiroshima lokal begrenzt, die Katastrophe hier ist aber global!«
Frau H.: »Ich kann doch eine Katastrophe nicht gegen die andere ausspielen. Für mich ist die Vorstellung unerträglich, daß solche Katastrophen, ob Hiroshima oder die Sintflut etwas mit Gottes Willen zu tun haben. Und doch scheint es so zu sein!«
Frau Sch.: »Vergessen wir doch nicht, daß es unser Verhalten ist, das die Umstände des Gerichts mitbestimmt.«
Herr Sp.: »Das lese ich anders: Gerade die Betonung, daß das Kommen des Reiches Gottes nicht beobachtet werden kann (Vers 30) unterstreicht doch, wie unverfügbar der ganze Vorgang ist.«

Herr G.: »Genau das läßt mich eben nicht in Panik verfallen: Nicht von uns hängt das Reich Gottes ab, sondern einzig und allein von Gott – und das ist gut so.«

Anlage 1

Lukas 17, 20–24 (25–30)
Wie reagieren Sie auf den Text?
- Was fühle ich jetzt im Hinblick auf den Text?
- Was erwarte ich von dem Text?
- Wo weiche ich dem Text aus?

Haben Sie doch einmal Mut, und sprechen Sie mit dem Text! Etwa so:
- »Du machst mir Angst, weil ...«

oder so:
- »Du tröstest mich, weil ...«

oder so:
- »Ich könnte besser mit dir umgehen, wenn ...«

oder so:
- »Ich komme mit dir nicht zurecht, weil ...«

Anlage 2

Lukas 17,20–24 (25–30)
1. Gliedern Sie bitte den Text; geben Sie abgegrenzten Abschnitten Überschriften!
2. Wieviele Personen bzw. Personengruppen kommen vor? Hat die jeweilige Adressatengruppe Einfluß auf die Rede Jesu?
3. Was verstehen Sie unter »Reich Gottes«?
4. Luther übersetzt Vers 21: »Sehet das Reich Gottes ist inwendig in euch.« Beide Übersetzungen sind nach dem griechischen Text möglich.
   - Welche Probleme ergeben sich daraus?
   - Welche Lesart ziehen Sie vor?
5. Vers 30 sieht die kosmischen Katastrophen als Vorboten der Endzeit. Sind diese Vorboten nicht spätestens seit Hiroshima Wirklichkeit geworden?

Zum Gottesdienst

Claus Marcus

Exegetisch-homiletische Skizze

Innerhalb des Lukas-Evangeliums wirkt diese Szene wie ein Fremdkörper. Denn die eigentliche »apokalyptische Rede« ist mit den Parallelen bei Matthäus und Markus in Kapitel 21 überliefert.
Der Kontext ist auffallend: »Die zehn Aussätzigen« und die »Bittende Witwe«. Sie wirken wie eine besondere Konkretion der Frage nach dem Reich Gottes. So stellt uns der Text - das Streitgespräch mit den Pharisäern und die Belehrung der Jünger - vor eine homiletische Entscheidung. Ein Predigtentwurf, der beiden Fragestellungen gerecht werden wollte, wäre zweifellos eine Überforderung.
Die Frage nach dem Anbruch des Reiches Gottes durchzieht nicht nur einen bestimmten Strang der Evangelienliteratur, sondern wird auch in der Urchristenheit leidenschaftlich verhandelt. Jesus weist jegliche Spekulation zurück und beantwortet die Pharisäerfrage mit dem Hinweis auf die präsentisch-eschatologische Situation.
An diesem Sonntag, 9. November 1997, ist die Gemeinde aller Wahrscheinlichkeit nach von unterschiedlichen Fragen bewegt. Sie wird bereits beim Hören des Textes diese Botschaft des Juden Jesus von Nazareth von Gottes Reich in Beziehung setzen zu den ungeheuerlichen Ereignissen der Reichspogromnacht vom 9. 11. 1938. In welchem Zynismus hat die sogenannte abendländische Gesellschaft - unter dem verlogenen Deckmantel »positives Christentum« - die Rede von Gottes Reich dämonisch pervertiert. Die Predigerin bzw. der Prediger an diesem Sonntag wird gut daran tun, sich folgende Situation vor Augen zu führen: Die bohrende Frage nach dem Verhältnis von Anbruch des Reiches Gottes und der Abscondität Gottes bricht auf! (In meinem Gottesdienst sind Angehörige von Opfern aus Auschwitz oder Treblinka oder anderen Konzentrationslagern!) Während mitten unter jenen Menschen 1938 das totale Grauen und die Gottesfinsternis »regierte«, geschieht unter uns Leugnung und Vergessenwollen der Schoa (schoa, mod. Hebräisch: »Auslöschung, Vernichtung«; entspricht der Bedeutung von »Holocaust«).
Andere erinnern sich an den 9. November 1989. Die unblutige Revolution brach die Grenzen aus Beton auf. »Wir sind ein Volk« und »Wir sind das Volk« mögen in den Ohren als Parolen von damals nachklingen. Und es stellt sich die bange Frage nach einem nicht aufgearbeiteten Nationalismus und Rechtsextremismus, der im Ernstfall von einem anderen Reich sprechen kann
Der 9. November 1918 als Ausruf der ersten Republik in Deutschland wird nur wenigen in die Erinnerung kommen.

Neben diese notwendigen zeitgeschichtlichen Vergegenwärtigungen könnte dieser Text auch kritische Anfragen an den Allmachts- und Machbarkeitswahn der Gegenwart stellen. Wo bleibt der Mensch inmitten dieser Planspiele?
Es wird die Frage zu beantworten sein, wie der Prediger/die Predigerin die kritische Frage der Pharisäer nach dem Kommen des Reiches Gottes so zur Sprache bringt, daß eine offene Situation geschaffen wird, aus der heraus neue Schritte zur Begegnung von Juden und Christen, Deutschen und Ausländern, Ost- und Westdeutschland gefunden werden können.
In allem sollte christliche Gemeinde sich als der Ort verstehen, wo so etwas wie Reich Gottes im Hier und Jetzt schon möglich werden könnte! Dabei denke ich auch an eine junge krebskranke Mutter mit zwei kleinen Kindern. Für sie stellt sich die Frage nach Gottes Reich als Überwindung der Alpträume mancher Nächte. Sensibel wird sich die Predigerin, der Prediger solcher Gesprächssituationen erinnern können!
Reich Gottes will sich konkret im Vollzug von »Glauben und Tun des Gerechten« ereignen. So mag sich der gesamte Gottesdienst an diesem Sonntag im November in einem vielfältigen Dialog gestalten, mit aller Vorsicht und mit aller Entschiedenheit, mit allem Eingestehen eigener Schuld und Schwachheit, mit allem Mut zur Zivilcourage – zwischen Licht und Finsternis, zwischen Widerstand und Ergebung. Eine Art von Bußgottesdienst, geboren aus einsichtigem Beten und Hinhören.
Ich entscheide mich, nur die Verse 20–21 dem Predigtentwurf zu Grunde zu legen.

Vorschläge zur Liturgie

Eingangsvotum
Ein Sonntagmorgen wie jeder andere –
und doch so verschieden von jedem anderen Sonntag.
Dieser Tag weckt unterschiedliche Erinnerungen in uns:
Reichspogromnacht am 9. November 1938,
Fall der Mauer am 9. November 1989,
Ausrufung der Republik am 9. November 1918.
Als Menschen, die nach Gott fragen, stellen wir uns diesen Herausforderungen.
Wir bringen mit, was in unseren Seelen schlummert,
schwere Erinnerungen und gute Erinnerungen.
Wir feiern diesen Gottesdienst gemeinsam –
setzen unser Vertrauen in das Versprechen Gottes,
der wie ein Vater und eine Mutter uns beschützt –
nehmen die Einladung in Christus an, ein neues Verhältnis zu unserem Menschsein zu finden –

sind dankbar für die Verheißung des göttlichen Geistes, der uns verbindet und Gemeinschaft stiftet zwischen den Rassen und Nationen,
zwischen Konfessionen und Religionen, zwischen Generationen und Völkern.

Eingangsgebet
Gott - wo wir den Einbruch deiner Wirklichkeit zulassen, da erschrecken wir als Angehörige dieses Volkes - fähig zur bösen Untat wie zur Guttat. Auch wir Nachgeborenen können uns vor dir niemals herausreden. Wir stehen mit ein für die Schuld, die die Vorfahren auf sich geladen haben. Mit Schaudern sprechen wir die Untaten der Schoa aus, in Deutschland und in Europa. Wir bitten um Mut, davor nicht angstvoll zurückzuweichen.
Gleichzeitig spüren wir Gefühle des Dankes für die Wende des deutschen Schicksals im November 1989.
Jeder einzelne und jede einzelne von uns steht inmitten dieses Kräftefeldes böser und guter Taten. Wir erleben uns irritiert.
Gott - wo bist du gewesen?
Gott - dunkle Wege läßt du uns gehen. Wir ahnen dich in der Verborgenheit: Du teilst das Leid und die Schmerzen mit uns Menschen. Mit stockender Stimme bitten wir dich: Gewähre uns einen neuen Anfang.
Wo wir Gott so unmittelbar, so offen ansprechen, da gilt die Zusage: 1. Thessalonicher 5,5-6.

Psalmvariation (Hiob 14,1)

Der Mensch vom Weibe geboren, lebt kurze Zeit und ist voll Unruhe.

Gehetzt, zerrissen, unzufrieden mit sich selbst - so eilt der Mensch durch seine Lebenstage;
nicht wahrhaben will er das - schiebt seine Enttäuschung anderen zu;
wenigstens einmal will er »Großes« tun, möchte den Mantelsaum der Geschichte berühren -
wenn schon so völlig endlich, dann wenigstens einmal auffallen -
in seinem Inneren gärt es -
da mischen sich Guttat und Schandtat -
einmal innehalten dürfen -
den Pulsschlag der Zeit spüren, um sich finden zu können.

Wir werden alle vor den Richterstuhl Gottes gestellt werden (Röm 14,10)

Angst setzt keine Freiheit frei.
Angst ist ein schlechter Wegführer;
all unser Tun ist nicht ohne Folgen - zum Guten wie zum Bösen;
wie wir in den Wald hineinrufen, so schallt es heraus.
Leben heißt für uns alle: in Schuld fallen -
nur selten bleiben die Hände sauber.

Aus der Lateinstunde erinnern wir uns: Was du auch tust, tue es weise und bedenke das Ende.

Lieber ein Ende mit Schrecken als ein Schrecken ohne Ende.
Wie oft lassen wir Gott »einen guten Mann« sein,
doch allein im »Beten und Tun des Gerechten« werden wir vor dem Richterstuhl bestehen können.
Wir brauchen Fürsprecher - wie einst Abraham.

Wenn ich aber durch Gottes Finger die bösen Geister austreibe, so ist ja das Reich Gottes zu euch gekommen. (Lukas 11,20)

Große Geschichten werden uns überliefert.
Der Eine, ihm gelang die Bändigung des Dunklen »durch Gottes Finger«;
wenn wir doch zugäben: Böse Geister sind nicht fern von uns -
Haß und Wahn, Eitelkeit und Rachsucht, Intrigantentum und Rufmord -
da braucht es die Kraft des Einen und unsere Bereitschaft -
manchmal ist das wie ein Rütteln am Sekundenzeiger der Weltenuhr -
das Tor aufstoßen, damit Licht in die dunklen Lebensgänge gelangt -
die leeren Hände aufhalten, daß sie von wärmender Güte gefüllt werden -
mit sanften Augen diese Welt wahrnehmen, damit das Böse zerbricht.
Gottes Reich will unter uns Oasen der Freundschaft und des Lebenssinns stiften.

Doch wenn der Menschensohn kommen wird, meinst du, er werde Glauben finden auf Erden? (Lukas 18,8 b)

Die Rechnung muß nicht aufgehen.
Schöne Kirchen und lichte Gemeindezentren sind noch keine Garantie;
volle Gottesdienste und hohe Kollekten ersetzen keinen Glauben.
Manchmal kann einem bange werden.
Der Tanz um das Goldene Kalb tobt stärker denn zuvor;
jeder ist sich selbst der Nächste, jede ist sich selbst die Nächste
und die andere, der andere - die sind doch selber schuld an ihrer Lage.
Wie stark ist unser Glaube?
Was erhoffen wir für Glauben, Liebe und Hoffnung -
Die Menschen könnten gelassener handeln,
aus ihren Augen könnte Zuversicht strahlen,
ihre Hände könnten sich öffnen zu mehr Zärtlichkeit im Leben;
wen erwarten wir denn noch?

Wer nicht mit mir ist, der ist gegen mich; und wer nicht mit mir sammelt, der zerstreut. (Lukas 11,23)

Da sind viele Unbekannte im Lande, die aus Glauben handeln;
vielleicht singen sie aus einem anderen Gesangbuch
und lesen die Bibel mit anderer Brille.
Freundschaft für Fremde wird üblich, nur sprechen sie darüber nicht.

Hilfbereitschaft in der Nachbarschaft wird für manche zum Gottesdienst
im Alltag der Welt.
Mit der Institution der Kirche haben sie ihre Schwierigkeiten,
aber sie arbeiten engagiert in der Gruppe »Frieden und Asyl« -
ein Glück! - für Rechtgläubigkeit gibt es keinen Meßapparat.
Wo Liebe gewagt wird,
wo aus Vertrauen gelebt wird,
wo Versöhnung geübt wird,
da werden Lebenskräfte wach.

Siehe, das Reich Gottes ist mitten unter euch. (Lukas 17,21b)

Manchmal beginnt das sehr unscheinbar,
zarte Pflanzen der Hoffnung wachsen langsam,
eine helfende Hand, wo andere sich abwenden,
ein verstehendes Herz, wo andere keine Zeit haben,
ein tröstendes Wort, wo andere kalt zur Tagesordnung übergehen.
Gottes Reich - weder zu errechnen noch vorauszuplanen,
Gottes Geist treibt und bewegt die Herzen der Menschen,
läßt Blumen erblühen mitten im Schnee,
läßt Berge von Eis zu strömenden Lebenswassern der Liebe schmelzen,
läßt im Angesicht der Fremden die Schwester oder den Bruder erblicken.
Oft fängt es sehr heimlich und zart an.

Siehe, jetzt ist die Zeit der Gnade; sieh, jetzt ist der Tag des Heils. (2. Korinther 6,2)

Daß wir unsere Chancen nicht verspielen:
Wende der Zeiten ist angesagt.
Nähe Gottes will jetzt gewagt werden.
Guttat will Schandtat überwinden.
Liebe wird stärker als der Haß.
Freiheit zerbricht die Kerkertüren.
Es atmet sich freier und tiefer,
die Angst wird klein,
Glaube ermöglicht sicheres Auftreten,
Hoffnung läßt Dunkelheit aushalten.
Tage des Grauens sollen ihr Ende finden,
Gottes Sonne scheint über alle Menschen -

setzen wir unsere Masken ab,
wagen wir erste Schritte aufeinander zu.
Denn der andere ist wie Du.
Tag des Heils - jetzt und heute.

Fürbittengebet
- eventuell im Wechsel zu sprechen -
An diesem Tag, o Gott, mischen sich Klage und Dank, Trauer und Freude - strecken wir uns aus nach dir und möchten von der Kraft deines göttlichen Geistes umfangen werden.
Wir alle, Junge und Alte, Schwache und Starke, Kinder und Eltern spüren in uns die Sehnsucht nach dem Tag, wo wir »unsere Freude wie Vögel an den Himmel« werfen. Heute denken wir besonders an die vielen Opfer der Hitlerdiktatur, an einzelne und an Familien, die bis heute von Trauer und Schmerz in ihrem Leben gezeichnet und gequält sind.
Darum rufen wir zu dir: Kyrie (EG 178,9)

Wir denken auch an jenen Tag vor 8 Jahren. Das eiserne Tor zwischen Ost und West öffnete sich. Menschen konnten einander wieder begegnen, die durch unmenschliche Grenzziehung voneinander getrennt lebten. Wir bitten um Verstehen der unterschiedlichen Lebens- und Geschichtswege zwischen Ost und West. Gib du deiner Gemeinde die Kraft und die Fähigkeit, mit Realitätssinn und Liebe füreinander Verstehen und Hoffnung zu ermöglichen.
Darum rufen wir zu dir: EG 178,9

Den Älteren unter uns gellen noch die Ohren von jener unseligen Zeit, wo »ein Reich, ein Führer« das Leben ungezählter Menschen in Europa der Vernichtung preisgegeben haben. Stärke du uns in der Wachheit, allen Anfängen von Rechtsradikalismus entgegenzutreten, engagiert und entschieden. Von deutschem Boden soll nie wieder ein Krieg ausgehen.
Darum rufen wir zu dir: EG 178,9

In dem Juden Jesus aus Nazareth hast du uns ein für allemal gezeigt, was es heißt, aus der Kraft des Gottesreiches schon heute zu leben. Glücklich können wir werden, wo wir nicht alles für uns behalten, wo wir abgeben und teilen - das Essen und die Kleidung, den Besitz und den Wohlstand, unsere Kraft und unsere Phantasie. Mit uns wirst du dein Friedensreich bauen in dieser von Kriegen erschütterten Welt. Kinder sollen lachen dürfen und nicht weinen. Alte sollen zuversichtlich sein und nicht vom Leben enttäuscht. Kranke sollen jemand finden, der ihre Ungewißheit und Angst mit ihnen teilt.
Darum rufen wir zu dir: EG 178,9

Wir bitten für das Gespräch zwischen Judentum und Christenheit, für die Friedensgespräche in Nahost. Daß wir aus der Kraft des prophetischen Auf-

trags für Frieden, Gerechtigkeit und Versöhnung einander begegnen. Daß wir unsere Glaubenskraft aus dem einen gemeinsamen Wurzelstock ziehen. Daß wir aller Verurteilung des Andersdenkenden wie des Andersgläubigen widerstehen.
Darum rufen wir zu dir: EG 178,9

Wir bitten für deine Gemeinde, dein Volk hier auf Erden. Laß sie Licht in der Finsternis sein, laß sie zur Oase der Hoffnung für die Verzweifelten werden, laß sie Zuflucht der Freiheit für die Bedrängten werden. Du hast uns Jesus den Christus als Weggefährten gegeben. Laß uns die Freiheit finden, sein Wort als Gebot zu Frieden und Versöhnung zu wagen. Mit uns willst du über Mauern springen. Du, unser Gott, wir sind dir alle gleich wichtig. Dafür danken wir.
So singen wir dir das Gebet, das wir von Jesus gelernt haben: EG 188

Mögliche Lieder
Aus dem Evangelischen Gesangbuch: 171 Bewahre uns, Gott; 153 Der Himmel, der ist; 395 Vertraut den neuen Wegen; 427 Solang es Menschen gibt auf Erden; 428 Komm in unsre stolze Welt; 432 Gott gab uns Atem; 452 Er weckt mich alle Morgen.

Vorschlag zur Predigt

Möglicher Anfang
»Das ist ein denkwürdiger Tag, dieser 9. November 1997. Unterschiedliche Erinnerungen melden sich in uns zu Wort. Die Schoa und die Öffnung der Mauer, die Ausrufung der ersten Deutschen Republik und die Nähe des Totensonntags. Manch einer unter uns möchte nur die eigenen Erinnerungen gelten lasen, weil noch mehr sein Herz so schwer werden lassen. In allem aber gilt jenes Wort von Baal Shem Tov: ›Vergessen führt ins Exil. Erinnern ist das Geheimnis der Erlösung‹.
Der biblische Text mit der bohrenden Frage der Pharisäer nach dem Kommen des Gottes Reiches fordert uns heraus. Die Pharisäer, die Bewahrer der Lehre, verwickeln Jesus in ein Streitgespräch. Können wir uns in dieser leidenschaftlichen Frage wiederfinden? Kennen wir nicht die geheime Sehnsucht, Gott selbst möge dazwischen treten und den Vorhang der Geschichte so weit aufziehen, daß wir das himmlische Jerusalem schon jetzt schauen. Oder treiben nur Wahnideen mit uns ihren Spott? Im ›Vater unser‹ beten wir wie selbstverständlich die Bitte: ›Dein Reich komme‹. Und wir bleiben mit unseren Erwartungen dahinter zurück.«

Stationen auf dem Weg der Predigt

1. Jetzt lade ich die Zuhörer ein, Einfälle zu dem Begriff »Reich Gottes« aufzuschreiben. Beim Betreten der Kirche wurden ihnen kleine DIN A5 Karten ausgehändigt, Bleistifte liegen auf den Plätzen. Während des Schreibens könnte leise Orgelmusik erklingen.
2. Die Frage nach dem Wann bewegt in der Gegenwart meistens religiöse Randgruppen. Hier würde ich auf deren »Rechenkünste« eingehen. Apokalyptische Rede verwenden sie wie einen »Heils- oder Unheilsfahrplan«. Diesem Vorgehen gilt es zu wehren.
3. In der Literatur des 20. Jahrhunderts scheint mir S. Beckett dieser Frage in seinem »Warten auf Godot« in streng säkularer Form nachgegangen zu sein. Der Herausforderung dieses Theaterstücks sollte sich m. E. christliche Gemeinde auch heute stellen.
4. In einer Art »Erinnerungsarbeit« würde ich jetzt den Versuch wagen, die Aussage »Gottes Reich ist mitten unter euch« in Beziehung zu setzen zu den dunklen Verirrungen z. B. der Reichspogromnacht. Hier könten Zeitzeugen ihre Statements abgeben. Vielleicht fällt der Begriff »Reich des Teufels«, dem das deutsche Volk völlig zu erliegen drohte.
5. Mut zur Übernahme von Verantwortung in der Gegenwart jetzt und hier. Wo ich das Bekenntnis »Jesus Christus« sage, da bekenne ich: Mein Lebensgrund und mein Lebenssinn gründen in dieser Tiefe von Gottes Reich, das ich weder planen noch voraus berechnen kann. Hier gilt es Mut zur freien Phantasie zu machen. Reich Gottes wird sich da »ereignen«, wo Menschen Gott den entscheidenden Platz in ihrem Leben einräumen. (Wirtschaft, Technik, Genforschung).
6. Reich Gottes hat es mit Offenheit zu tun für die neuen Lebenssituationen, mit Freiheit zur Zivilcourage z. B. in Sachen des Asyls - gerade wird die Rückführung der bosnischen Flüchtlinge verhandelt -: mit Dankbarkeit für die Verantwortung, die ich für andere übernehme. Wo ich auf Gottes Reich setze, da hinterfrage ich die Machtsysteme der Gegenwart. Da kann nichts mehr beim alten bleiben. Da lasse ich die totale Verwandlung zu. Da gilt der Satz des Paulus: Wir werden alle verwandelt werden, damit Gott sein wird alles in allem.

Möglicher Schluß

»Reich Gottes hat nun für uns mit glückendem Leben zu tun. Wir werden mutig und zuversichtlich an der Erinnerung arbeiten wie ein Steinmetz an seinem Stein. Wir werden weder anklagen noch verklären. Wir sind bereit, Verantwortung für ein Leben in Frieden, Gerechtigkeit und Versöhnung zu übernehmen. Jeder Tag wird uns anvertraut als ein guter, neuer Tag. Nehmen wir dieses Geschenk zum Leben an.«

Kontexte

Ein Segen Gandhis
(Die Worte können mit Gesten unterlegt werden, die sich an die Nachbarn wenden und das Gesagte unterstreichen)
»Ich biete dir Frieden ...
ich biete dir Freundschaft ...
ich biete dir Liebe ...
ich höre deine Nöte ...
ich sehe deine Schönheit ...
ich fühle deine Gefühle.
Meine Weisheit kommt von einer höheren Kraft.
Ich begrüße diese Kraft in dir.
Komm, laß uns zusammen arbeiten.«
(Gefunden in »Frauen vereint in der Mission«, Frauenkonsultation des Berliner Missionswerkes, Nov. 1992, Seite 50)

Topographie einer schöneren Welt

Vergeblich die böse Hoffnung,
daß die Schreie der Gemarterten die Zukunft leicht machen: -
Gib acht, wessen Stimme vor Rührung bebt,
wem es das Herz bewegt,
wenn der Walzenwechsel verkürzt wird
auf achtundzwanzig Minuten.
Seid gegrüßt, Friedhöfe.
(Günter Eich, Ein Lesebuch, © Suhrkamp, Frankfurt am Main)

Vorletzter Sonntag des Kirchenjahres

Annäherungen an den Predigttext Matthäus 25,31–46

Angela Fuhrmann, Christian Fuhrmann

Auf einer nachweihnachtlichen Familienfreizeit sitzen wir über Matthäus 25,31–36.
Der Text wird als zwiespältig empfunden. Andere Überschriften, die vorgeschlagen werden:
- »Zu richten die Lebenden und die Toten«
- Der große Bruch
- Der große Anspruch

Das Bild von der Schafherde

- Darf man denn Menschen so einfach mit Schafen vergleichen? Der so fragt, weiß als Dorfbewohner genau, wovon er spricht. Schafe entwickeln sich von niedlichen und lebhaften Wesen zu trägen und stumpfsinnig dreinblickenden Herdenwesen.
- Protest weckt die negative Besetzung der Böcke:
Warum dient das Männliche in diesem Vergleich als Schablone für das Schlechte, das Weibliche als Schablone für das Gute und Gerechte? (Triumpf für den Feminismus?)

Die Härte des Bildes

- Die schrecklichen Bilder von Selektion werden wach, – ich kann mich dagegen nicht wehren; du dahin – du dorthin!
- Die Eindeutigkeit, in der hier zwischen gut und böse, zwischen gerecht und ungerecht unterschieden wird, ist unmöglich – nur in Märchen ist's möglich, aber nicht in unserem Leben.
- Das Bild der aufgeteilten Herde widerspricht dem, was wir als Herzstück des Neuen Testaments verstehen – »Vergebung« hat hier keinen Platz – schließen Gericht und Vergebung sich aus?

- Während des Lesens wurde bei mehreren Gesprächsteilnehmern die bange Frage wach: Zu welcher Seite gehöre ich?
Wenn diese Rede vom Weltgericht wahr ist, dann ...
Und dann stellten wir etwas beruhigt/beruhigend fest, daß wir, die wir hier sitzen, nicht zu den schlimmsten »Böcken« gehören - es gibt Menschen, die mehr, die eindeutiger »Bock« sind als wir.
- In uns selbst liegt die Markierung zwischen gut und böse, der Zwiespalt geht direkt durch jeden einzelnen Menschen hindurch.
- Ist es mit den Böcken und Schafen nicht vielleicht auch wie in einem Prozeß?
Liegt nicht in jedem Menschen die Möglichkeit vom »Schaf« zum »Bock« oder auch umgekehrt vom »Bock« zum »Schaf« zu werden? Doch auffälligerweise reden wir davon, daß Menschen vom »Schaf« zum »Bock« werden und entdecken dies in unserer in den letzten Jahren (seit der Wende) kälter gewordenen Umwelt.

Die Endgültigkeit

Ausgehend von dem Gedanken, daß eine absolute Trennung von Schafen und Böcken Unfruchtbarkeit und das Aussterben der Herde zur Folge hätte, bemerkt jemand, daß es nach dem Gericht kein Leben mehr geben kann - jedenfalls nicht so, wie wir das Leben kennen.
Unser Leben wird lebendig durch das Ineinander von gut und böse, Recht und Unrecht. Unser Leben ist eine spannungsvolle Bewegung zwischen beiden Polen. Wenn diese Bewegung fehlt, gibt es solches Leben nicht mehr.
»Das Leben trägt Gutes und Böses«.
Bestimmend bleibt für uns alle das bange Fragen: Wo gehöre ich hin? Und in dem bangen Fragen entdecken wir schon die Antwort. Konsequent gedacht kann es so nur ein einziges Schaf geben, das ist der Weltenrichter selbst - Jesus das Schaf/Lamm Gottes.
Die Konsequenz des Bildes aber zeigt uns das Ineinander von Gesetz und Evangelium.
- Ich kann das Bild so nicht stehen lassen. Hier wird kein Ereignis der letzten Tage beschrieben, hier wird der wirkungsvolle Versuch unternommen, in uns Menschen die Kraft zu wecken, daß wir uns aufmachen auf den mühevollen Weg - damit aus »Böcken« »Schafe« werden.

Zum Gottesdienst

Klaus Eulenberger

Exegetisch-homiletische Skizze

Die Szene vom Weltgericht nimmt eigentlich nicht (wie man ja erwarten könnte) das Ende in den Blick, sondern die Zeit *bis zum Ende,* über deren Dauer nichts gesagt ist: Es kann sich noch hinziehen. Ist das Stück, das als Weissagung daherkommt, ein Dokument des Übergangs von den durch die Parusieerwartung bestimmten Gemeinden der Alten Kirche, die sich auf die Beständigkeit der Welt und ihrer selbst zu verlassen begonnen hatte? Tatsächlich sind die sechs im Text aufgezählten »Werke der Barmherzigkeit« (zusammen mit dem wohl schon im 3. Jahrhundert hinzugerechneten siebten, der Bestattung der Toten) geradezu die identity card der Kirche geworden und geblieben, haben sich mithin als außerordentlich wirksam in der vom Christentum geprägten Geschichte des Abendlandes erwiesen. Insofern »sitzt« Matthäus 25,31-46 als Predigttext am vorletzten Sonntag des Kirchernjahres genau richtig, wo ja auch niemand damit rechnet, daß das Ende der Welt unmittelbar bevorstehe.

Ist nicht schon alles gesagt über diese wohl bekannteste unter den »Reden Jesu über die Endzeit«? Vielleicht muß, was schon lange verstanden und formuliert worden ist, nur noch einmal gesagt werden. Es geht nicht um aufregend neue Erkenntnisse, sondern die Wiederholung und Vergegenwärtigung dessen, was so bekannt ist wie - eben dieser Maßstab: »Was ihr getan habt einem der Geringsten, das habt ihr mir getan.« So geläufig der Satz ist, so schwer hat er es doch, sich gegen naheliegende Einwände zu behaupten. Einer von ihnen lautet: Ebenso wichtig wie eine jesuanische Ethik (die sich an den Armen und Schwachen orientiert und in ihnen den »König« der Gerichtsszene liebt) sei doch das Bekenntnis zu Christus! Ein anderer: Was in einer dörflichen Umgebung und einer durch den Zusammenhalt von Großfamilien geprägten Gesellschaft vielleicht möglich sei, lasse sich schwerlich verwirklichen in vollkommen unüberschaubaren Metropolen und einer grenzenlos gewordenen Welt, in der die Armen in der Überzahl sind. (Wenn zutreffen sollte, daß das Matthäusevangelium im syrischen Antiochia entstanden ist - siehe den Mt-Kommentar von Ulrich Luz -, dann spiegelt das Gleichnis allerdings nicht die Lebensbedingungen des Dorfes und der Sippe, sondern die der von erheblichen sozialen Gegensätzen bestimmten Metropole: In neutestamentlicher Zeit war das heutige Antakya mit einer halben Million Einwohnern die größte Stadt des Orients. Im übrigen ist der Rahmen denkbar weit gespannt: *»Alle Völker* werden vor ihm versammelt werden«, V. 32.) Ein dritter Einwand lautet: Die in der Szene vom Weltgericht angedeutete, aus ihr abgeleitete organisierte Barmherzigkeit habe den Armen nicht geholfen, ihre Rechtes selbstbewußt

durchzusetzen, sondern sie abhängig gemacht von fremder Mildtätigkeit; insofern stehe sie den wohlverstandenen Interessen der Unterprivilegierten gerade entgegen.
Was auch immer (und aus welchen Gründen) eingewandt wird gegen den grandios einfachen Anspruch dieses Szenarios: Es verhindert, daß Christus unmittelbar in denen angetroffen wird, die Mangel leiden. Gerade diese Identifizierung aber ist die Zumutung des Textes. Kein Mensch kann von sich sagen, er werde ihr gerecht. Sie zu erneuern, ist die Aufgabe der Predigt. Nicht im Sinne einer unendlichen ethischen Überforderung, sondern im Interesse einer notwendigen Erinnerung: Christus hat sich an die gebunden, die die Geringsten in einer Gesellschaft sind.

Vorschläge zur Liturgie

Den (zerstückelten) Psalm 50 könnte und möchte ich nicht sprechen; die Antiphon (»Herr, gehe nicht ins Gericht mit deinem Knecht ...«) bringt mich auf die Spur des Psalms 143, der im EG in einer überzeugenden Abgrenzung unter 755 zu finden ist. - Zu den Lesungen: Da das Evangelium und der Predigttext identisch sind, könnte ich mir gut vorstellen, daß an der Stelle, wo im Gottesdienst das Evangelium erscheint, einer der Predigttexte der Marginalreihe gelesen wird: Sirach 17,16-24 (evtl. noch einige weitere Verse aus dem 17. Kapitel). Liturgisch ist das nicht korrekt, vielleicht anstößig; seinem Inhalt nach ist der Abschnitt wie ein funkelndes Korreferat zu Matthäus 25,31-46. - Zu den Liedern: EG 441 (»Du höchstes Licht, zu ewger Schein«, mit der bekannten Melodie »All Morgen ist ganz frisch und neu«), 1-6, zum Eingang; 153 (»Der Himmel, der ist, ist nicht der Himmel, der kommt«, mit dem Text von Kurt Marti) nach der Epistel aus Römer 8; EG 412 (»So jemand spricht: Ich liebe Gott«) um die Predigt herum; 428 (»Komm in unsre stolze Welt«), eine der besten Neuerwerbungen des EG, vor den Fürbitten. - Im Anschluß an das Lied 426 ist im EG ein Gebet abgedruckt, das sich gut als Kollekte oder »Gebet zum Tage« eignet: »Gott allen Lebens, du weckst Sehnsucht nach Erneuerung unserer Welt, nach Frieden und Leben in deinem Geist. So laß uns erkennen, wo dein Reich heute schon unter uns ist, damit wir ermutigt werden, Zeichen deiner Zukunft zu setzen und auf dein Heil zu warten für unsere ganze Erde.«

Vorschlag zur Predigt

Liebe Gemeinde! Im äußersten Süden der Türkei, fast schon an der Grenze zu Syrien, liegt die Stadt Antakya mit reichlich 100 000 Einwohnern. Ein paar Kilometer südwestlich der Stadt mündet der Fluß Asi Nehri, an dem Antakya liegt, ins Mittelmeer. Im archäologischen Museum der Stadt findet man Spuren einer großen Vergangenheit, als der Fluß noch Orontes und die Stadt *Antiochia* genannt wurde. In der Antike war sie mit 500 000 Einwohnern die größte Stadt des Orients und neben Rom und Alexandria die dritte Weltstadt. Etwa ein Zehntel ihrer Bewohner waren damals Juden. Man kann sich vorstellen, wer sonst in Antiochia lebte: Handwerker und Kaufleute, Lohnarbeiter und Sklaven, Aristokraten, Beamte am Hof des Provinzstatthalters (im Jahr 64 war Antiochia von Rom erobert worden und seitdem Hauptstadt der römischen Provinz Syrien). In einem Bericht aus dem 4. Jahrhundert wird geschildert, wie es in Antiochia aussah, wenn der Kaiser oder sein Repräsentant in die Stadt einzog: »In den Straßen ... drängte sich die Volksmenge, welche sogar die Dächer besetzt hielt und auf Abfallhaufen hockte, um den Neuankömmling besser sehen zu können, während dieser auf einem hohen Wagen langsam durch die Hauptstraße fuhr« (zit. in: Peter Brown, Macht und Rhetorik in der Spätantike, © 1995 Deutscher Taschenbuch Verlag, München, Seite 24); solche Bilder hat man wohl auch im 1. Jahrhundert sehen können.

In Antiochia am Orontes, der von Menschen unterschiedlichsten Standes wuselnden Metropole, ist gegen Ende des 1. Jahrhunderts wahrscheinlich das Matthäusevangelium entstanden. Die »Geschichte Jesu Christi« (1,1), die als Sammlung vieler kleiner Geschichten und Gleichnisse, Notizen und Szenen, Worte und Reden Jesu in diesem Evangelium wiedergegeben ist, spielt sich erst am Schluß in der Stadt Jerusalem ab; vorher bewegt sich Jesus mit seinen Jüngern durch Dörfer und kleine Städte rund um den See Genezareth, in Galiläa und Judäa. Es ist ein reizvoller Kontrast: Der Evangelist Matthäus, Bürger einer Weltstadt und Mitglied der christlichen Gemeinde in dieser Stadt, stellt eine Reihe von Geschichten zusammen, die in ländlicher Umgebung und in überschaubaren Gemeinschaften spielen. Dabei verwandeln sich die Geschichten, ja die Gestalt Jesu verwandelt sich, es kann gar nicht anders sein: Jesus überschreitet die Grenzen »seines« Landes, seine Geschichte greift über auf die Gebiete der »Heiden«, sie wird weltläufig. Matthäus bringt eine Szene, die sich in keinem der anderen Evangelien findet. Er legt sie Jesus in den Mund als letzten Teil einer sehr langen Rede an seine Jünger; wenn sie zuende ist, beginnt die Schilderung der Passion Jesu. Die über zwei Kapitel gehende »Rede über die Endzeit« schließt mit der Ankündigung des Weltgerichtes. Es klingt, als rede Jesus hier über einen anderen, wenn er vom »Menschensohn« spricht; der Evangelist Matthäus will es aber so verstanden wissen, daß Jesus kurz vor seinem Tod seine Wiederkehr am Ende der Zeit ankündigt. So also lesen wir im 25. Kapitel des Evangeliums: *[Lesung des Textes]* – Der Evangelist Matthäus stellt für »seine« Gemeinde in der Weltstadt Antiochia nicht nur einen sachlichen Bericht über Jesus zusammen; er will ihn ihr ja nahebringen und so deutlich vor Augen stellen, als wäre er jetzt mitten unter denen, die sich zur Gemeinde zählen. Sie alle haben ihn ja nie gesehen und gehört; also kommt viel darauf an, daß er ihnen wirklich lebendig wird! Ich stelle mir vor, daß Matthäus lange gegrübelt hat, wie er die Aufgabe lösen könne. Vielleicht hat er auf einem Weg durch die Stadt eine Art Erscheinung gehabt: Der, von dem er erzählen will, ist ihm begegnet. Er ist ihm erschienen in denen, die um ein Stück Brot und einen Schluck Wasser bitten, in den Armen, die in der Hoffnung auf irgendein Auskommen hierher in die Provinzhauptstadt gekommen sind, in den zerlumpten Gestalten der Vorstädte, in den Kranken, die am Rand der Straßen sitzen und betteln, in den Menschen, die in der Residenz des Statthalters gefangen gehalten werden. – So könnte es gewesen sein. Und auf einmal hat Matthäus gewußt, welche Szene er als allerletzte – wie ein Vermächtnis Jesu nämlich – in sein Evangelium schreiben muß, ehe es zum bösen Ende kommt mit Verrat und Verleugnung, mit Kreuzigung und Tod Jesu.

Zum weiteren Verlauf
Das »Vermächtnis« hat sich erhalten durch viele Jahrhunderte und ist auf uns gekommen: eine ebenso anerkannte wie problematische Willenserklärung im Geist Jesu. Wer wollte sie nicht gelten lassen? Wer aber wäre – einzeln oder mit anderen zusammen – in der Lage, ihr gerecht zu werden? Die Armen sind schon früh zum »Schatz der Kirche« erklärt worden (vgl., was die Legenda aurea über den Heiligen Laurentius mitteilt), aber dabei waren nicht immer nur reine Motive im Spiel, wie man bei Brown (s. o.) nachlesen kann: »Als Prediger in Antiochia sprach Johannes Chrysostomos davon, daß die Armen ein Zehntel der Stadtbevölkerung ausmachten ... Für ihn gehörtern diese Armen gewissermaßen zu ›einer anderen Stadt‹. Indem sie ihre enge Beziehung zu dieser ›anderen Stadt‹ der Armen betonten, übten die Bischöfe eine Autorität aus, welche die traditionelle Führungsrolle der Honoratioren [in den zum Römischen Reich gehörenden Städten der Spätantike] ... wirksam ausschaltete ...« (a. a. O., Seite 123). Die Werke der Barmherzigkeit als bewußt und planvoll eingesetztes Mittel, eine Führungsschicht zu entmachten? Die Kirche als Sachwalterin eines jesuanischen Vermächtnisses, mit dessen Umsetzung sie zugleich die (politische) Macht übernimmt? Das scheint – und ist – eine schwer genießbare Verbindung. Möglicherweise funktioniert sie gleichwohl bis in unsere Tage: Nichts an der Kirche ist so wenig umstritten und genießt einen so hohen Ruf wie ihre soziale Arbeit. Aber »der Menschensohn« von Matthäus 25 hat es ja nicht darauf abgesehen, daß die Seinen etwas tun, was ihnen selbst zugute kommt, sondern er will, daß sie *ihm* etwas tun, indem sie es seinen geringsten Brüdern und Schwestern tun. Eine kennzeichnende Selbstlosigkeit kommt so gleich zweifach ins Spiel, die sich übrigens in den umlaufenden Programmen zur Sanierung der Kirche durch überzeugende Selbstdarstellung (»Das Produkt ist gut, das Marketing miserabel«) nicht wiederfinden läßt. – Gerade wenn der klare Anspruch der Szene vom Weltgericht nicht verzweckt, nicht zum Instrument einer sozialpolitischen Strategie gemacht wird, gerade wenn in ihm die Stimme Jesu hörbar wird

und nichts sonst, wird die Zumutung deutlich, die in dieser Geschichte steckt. Kann man, können wir ihr standhalten? Wo bleiben wir denn, wenn wir die Hungrigen speisen, die Fremden aufnehmen? Reichen unsere Kräfte und Mittel denn wirklich, uns um alle zu kümmern, die Mangel leiden? Haben wir nicht auch eine Verpflichtung, unsere eigenen Interessen zu schützen? Ist es nicht richtiger und wirksamer, wenn die Benachteiligten ihre Sache selbst in die Hand nehmen? Müßte man nicht über ganz außerordentliche religiöse Begabung und Leidenschaft verfügen, eine Mutter Teresa oder ein Franz von Assisi sein, um Christus in den geringsten Menschen zu dienen?

Möglicher Schluß
Ich glaube, daß das Vermächtnis Jesu, wie Matthäus es formuliert hat, nicht in erster Linie darauf gerichtet ist, Werke der Barmherzigkeit hervorzubringen. Der Evangelist wollte den Frauen und Männern, die zur Gemeinde der Christen in Antiochia gehörten, nicht sagen, *was sie tun sollen,* sondern *wo sie den finden,* an den sie glauben. Seht euch um da, wo ihr euch versammelt, seht euch um, wenn ihr durch die Straßen der Stadt geht: Überall werdet ihr dem begegnen, den ihr so sehr liebt. Er zieht euch nicht ab aus der Welt. Er ist in ihr, er hängt an den ärmsten der Geschöpfe, und ihr könnt ihn nicht finden, wenn ihr sie nicht anseht. - Die Zumutung an uns ist nicht kleiner, aber wohl auch nicht größer als die an die ersten Leser und Leserinnen des Evangeliums. Sie spricht zu uns mit der Stimme Jesu und sagt: Sucht mich nicht an den falschen Stellen. Sucht nicht oben, sondern unten. Wie Gott sein Gesicht verlor, indem er es den Menschen gab, so habe ich mein Gesicht denen gegeben, denen Nahrung und Kleidung, Freiheit, Würde und ein Ort in der Welt abgeht. In ihnen bin ich, den ihr liebt. - Wenn wir lernen, es so zu sehen - *ihn* so zu sehen! -, dann ist die Arbeit des Glaubens mehr als zur Hälfte getan. Eine Arbeit übrigens, die nicht so grenzenlos ist, wie sie uns erscheinen mag. Wir sollen nicht »alles« tun. Der wichtigste Satz lautet: »Was ihr getan habt *einem* von diesen meinen Geringsten, das habt ihr mir getan.« Denn in jeder, in jedem von ihnen - so könnte man den Satz fortschreiben - habt ihr es mit mir zu tun. Wer *einen* Menschen rettet - so lautet ein Satz der jüdischen Weisheit -, dem wird es angerechnet werden, als habe er die ganze Welt gerettet. Wer Christus in *einem* der Niedrigsten erkennt, der hat ihn ganz erkannt. - Wenn wir ihn aber finden in jenen, wird uns auch nicht verborgen bleiben, was wir ihm tun sollen und tun können, indem wir es ihnen tun. Amen

Kontexte

»Wäre der Mensch so in Verzückung, wie's Sankt Paulus war [gemeint ist die Schilderung 2 Kor 12,2 ff.], und wüßte einen kranken Menschen, der eines Süppleins von ihm bedürfte, ich erachte es für weit besser, du ließest aus Liebe von der Verzükkung ab und dientest dem Bedürftigen in größerer Liebe.«
(Meister Eckehart, Deutsche Predigten und Traktate, hg. und übersetzt von Josef Quint, München 1985[6], Seite 67. – Nicht ohne Reiz ist der fortschreitende Subjektwechsel: von »der Mensch« über »Sankt Paulus« bis zum »du«.)

»St. Clare nahm das Buch, warf einen Blick auf die Stelle und begann, einen von den Abschnitten zu lesen, die Tom gekennzeichnet hatte: ›Wenn der Menschensohn in seiner Herrlichkeit kommt und alle Engel mit ihm, dann wird er auf dem Thron seiner Herrlichkeit sitzen [...]‹. St. Clare las mit bewegter Stimme weiter, bis er zu den letzten Versen kam: ›[...] Amen, ich sage euch: Was ihr für einen dieser Geringsten nicht getan habt, das habt ihr mir auch nicht getan.‹ St. Clare schien von der letzten Stelle ganz erschüttert zu sein, denn er las sie noch einmal langsam [...] ›Tom‹, sagte er, ›die Leute, die hier so hart bestraft werden, scheinen das gleiche getan zu haben wie ich – sie führten ein gutes, behagliches, respektables Leben und machten sich nicht die Mühe, sich zu erkundigen, wie viele ihrer Brüder hungrig oder durstig oder krank oder gefangen waren.‹ Tom antwortete nicht ...« – »St. Clare begann, im Zimmer auf- und abzugehen [...]. ›Ich habe Tom heute nachmittag das Kapitel über das Jüngste Gericht aus Matthäus vorgelesen‹, sagte er zu Miss Ophelia, ›und es hat mich sehr berührt. Man sollte doch vernünftigerweise erwarten, daß die, die vom Himmel ausgeschlossen werden, sich schrecklicher Verbrechen schuldig gemacht haben; aber nein – sie werden verdammt, weil sie nichts Gutes getan haben, als ob diese Unterlassung die schlimmste Sünde sei.‹ ›Vielleicht ist es für jemand, der nichts Gutes tut, unmöglich, Böses zu unterlassen‹, sagte Miss Ophelia.«
(Harriet Beecher Stowe, Onkel Toms Hütte. Neu überarbeitete Übersetzung von Susanne Althoetmar-Smarczyk. © 1994 Deutscher Taschenbuch Verlag, München)

Buß- und Bettag

Annäherungen an den Predigttext Lukas 13,(1-5) 6-9

Helga Trösken

Zum AUF-Kreis (AUF=Arbeit, Umwelt, Frieden) gehören Frauen und Männer unterschiedlicher Herkunft, mit ganz verschiedenen Berufen, aus verschiedenen Kirchengemeinden, auch mit ganz unterschiedlichen Familienkonstellationen. Die Altersspanne von 25 bis 55 Jahren heißt, daß immer auch erwachsene Kinder teilnehmen, soweit sie nicht durchs Studium außerhalb verhindert sind.

Unser Gespräch beginnt mit einer Runde über die Bedeutung des Bußtags für jede und jeden Einzelnen, nachdem er in Hessen als Feiertag bereits abgeschafft ist. »Ich werde mir auf jeden Fall einen Tag Urlaub nehmen. Ich fand den Tag immer sehr gut. Ich brauche ihn«, sagt eine Frau. Eine andere Familie: »Bußtag, das ist für uns die Johannesgemeinde: mit Gottesdienst, Dritte-Welt-Handel und Mittagessen und vielen, vielen guten Begegnungen« (seit 1972 haben wir ihn in meiner Gemeinde so gefeiert).

Wir lesen den Text in verschiedenen Übersetzungen, die sich aber nur unwesentlich voneinander unterscheiden. Wir konzentrieren unser Gespräch sofort auf Vers 6–9. Das Bild spricht an und setzt viele Gedanken frei.

Die Aneignung geschieht sofort und spontan in der Weise, daß sich die Teilnehmenden mit den »Figuren« des Textes jeweils identifizieren. »Wie beim Bibliodrama«, sagt eine Teilnehmerin plötzlich mitten im Gespräch, als es ihr auffällt. Wir sind mal Feigenbaum, mal Gärtner, mal Besitzer (Herr). Durch diese Identifizierung fällt es uns auch leicht zu formulieren, was in der jeweiligen Rolle Umkehr (Buße=Metanoia) heißen würde.

Die Geschichte ist auf der kognitiven Ebene leicht anzueignen. Im Detail der praktischen Umsetzung wird es wie immer brisant und schwierig.

Völlig abgelehnt wird im letzten Gesprächsgang die exegetische Erkenntnis, daß Gleichnisse Jesu einen Vergleichspunkt haben, daß Bildhälfte und Sachhälfte zu trennen seien und im Grunde eine so persönliche Identifizierung danebenliegt!

Das Gespräch von 2 1/2 Stunden Dauer ist keine Minute langweilig. Wir lachen viel. Fragen bleiben an diesem Abend keine offen, im Gegenteil, es werden soviele gute Formulierungen gebraucht, daß ich Lust habe, sofort eine Predigt daraus zu machen!

Einige Einzelheiten:
Der Feigenbaum: er laugt den Weinberg aus. Man sollte ihn erst gar nicht wachsen lassen. Er steht besser auf steinigem Boden, wo die ausladenden Wurzeln Halt geben. Er nimmt ja nicht mehr, als er braucht. Er kann auch nichts dafür, daß er keine Frucht bringt. Ein Feigenbaum muß immer veredelt und gepflegt werden, um Früchte zu bringen. Assoziationen an das Bild in der hebräischen Bibel: »Sie werden hinfort nicht mehr lernen, Krieg zu führen. Ein jeder wird unter seinem Weinstock und Feigenbaum wohnen, und niemand wird sie schrecken« (Micha 4,3 und 4)
Der Besitzer: er definiert den Nutzen. Das muß er. Es ist eine egoistische Nutzrechnung. Denn der Feigenbaum schadet in jedem Fall dem Weinberg, auch wenn er Früchte trägt. Wir würden vielleicht den Nutzen eines Baumes auch anders definieren, daß er Schatten gibt z. B. oder daß er für Vögel nützlich ist. Der Besitzer sagt nicht: Tu was zur Veränderung, sondern: Schluß, säg ihn ab!
Der Gärtner, im Konflikt mit dem Chef: Der Chef hat keine Ahnung. Der Gärtner weiß: Zuwendung bringt's. Den Baum hätscheln und pflegen ist angesagt. Der Gärtner übernimmt die Verantwortung, aber es bleibt offen, wie die Sache ausgeht. Schwierig: der Zeitdruck. Die Chance für eine begrenzte Zeit.
Übertragung: Alle müssen umkehren: der Chef mit den rabiaten Forderungen, der Gärtner, der Feigenbaum. Jeder/jede hat etwas, was er oder sie hätten besser machen können.
Was angesagt ist: den Baum ansehen, sich Zeit nehmen, betrachten, was schief läuft, überlegen, was zu tun ist.
Umkehr geht nur, wenn Bilanz gezogen wird und dafür Zeit ist.
Es hilft nicht zur Lösung, sofort abzusägen.
Wir sehen den Spiegel unseres Verhaltens: wir ordnen an, verweigern uns, halten Fürbitte ...
Ich will nicht immer Schuld übernehmen, wo ich nichts machen kann. Ich kann nicht die ganze Welt bewässern, aber ich kann bei meinem lokalen Handeln global denken. Allerdings geht es mir wie dem Feigenbaum: Ich muß erst etwas bekommen, bevor ich mich ändern kann. Ohne Zuwendung gedeiht nichts. Ich brauche ein bißchen Liebe, dann wird was aus mir.
Bußtag würden wir lieber in Umkehrtag umbenennen, denn Sack und Asche und Bußgeld möchten wir nicht assoziieren. Wir denken an die Freude der Buße, an die Befriedigung, wenn es gelingt, neue Wege zu gehen, persönlich, als Kirche, als Gruppe, als Gemeinde.

Zum Gottesdienst

Gerlinde Wnuck-Schad

Exegetisch-homiletische Skizze

Die für den Buß- und Bettag vorgeschlagene Perikope gehört zum Sondergut des Lukas. Es gibt gute Gründe, an der kompositorischen Einheit von V. 1-9 festzuhalten. Das Gleichnis (V. 6-9) erhält durch das vorangestellte Schulgespräch (V. 1-5) seine Kontur, so wie umgekehrt die Verse 1-5 durch das nachfolgende Bildwort ihre Deutung bekommen. Wie in den Annäherungen schon bemerkt, bleibt das Gleichnis für sich genommen (ohne die einleitenden Verse 1-5) gewissermaßen abstrakt, also ohne Praxisbezug. Und die Frage der Aneignung hängt in der Luft. Gleichnisse verlieren aber ihre Wirkmacht, wenn sie nicht situativ erfaßt werden. Um so spannender ist es, daß uns Lukas hier in seinem Sondergut die Einbindung eines Gleichnisses in einen kleinen Redekontext bietet. So erfahren wir etwas über den Grundzug jesuanischer Umkehrpredigt.
Das Tagesgespräch sind Jerusalemer Schlagzeilen; wegen der Konkretheit der Angaben ist mit historischen Szenen zu rechnen (V. 1: Massaker an Galiläern im Tempelbezirk und V. 4: schicksalartiges Turmunglück). Ein Wort wird das andere gegeben haben. Schock, Verwirrung, schnelle Schuldzuweisungen und Vergeltungswünsche sind bis heute mögliche Reaktionen auf solche Schicksalsschläge. Mithilfe des althergebrachten Deutungsmusters der Logik von Schuld und Ergehen wird oft als schnelle Lösung die Welt »wieder in Ordnung« gebracht. Diese distanzierende Redeweise kennzeichnet der Umkehrprediger Jesus als Feigenblatt der Selbsttäuschung. So gibt er dem allgemeinen Gerede eine entscheidende Wende und konfrontiert die Menschen mit dem Bußruf (V. 3+5), der ihnen die Frage nahebringt: »Warum traf es uns bisher eigentlich nicht?« Das Ungewöhnliche, Herausfordernde dieser Fragestellung ist auch heute homiletisch fruchtbar zu machen - in dem Sinne, daß die HörerInnen-Gemeinde die Chance »Leben« ergreift und nach Sinn und Frucht des je eigenen Lebens fragt. Jesu Bußruf geschieht ohne Drohwort oder Drohgebärde. Den Kairos der Umkehr eröffnet vielmehr ein Bild, das er uns malt, das Raum schafft, sich meditierend auf sich selbst zu besinnen. So stimme ich mit dem Gesprächsprotokoll aus den »Annäherungen« darin überein, daß der Buß- und Bettag nicht das Feigenblatt einer Büßerstimmung verträgt, sondern Lust und Freude an den Früchten der Umkehr wecken sollte. Die Predigtidee zeichnet die Verschränkung von »Tagesgerede über negative Schlagzeilen« und »Gleichnisrede Jesu« nach. In unserer Gemeinde begehen wir den ehemals gesetzlichen Feiertag nunmehr mit einem Feierabend-Gottesdienst.

Vorschläge zur Liturgie

Begrüßung
Wir haben uns auf den Weg gemacht zu diesem Abend am Buß- und Bettag. Wir wollen aufsehen - aufmerken auf die guten Früchte, die das Leben nähren. Ein fruchttragender Lebensbaum ist uns Gleichnis: Ich entzünde sein Licht und stelle den Lebensbaum an dieses (Altar-)Kreuz - zum Zeichen, daß die Frucht dieses Kreuzes Lebenskraft und -hilfe sein will.

Gebet
Christus, Licht des Lebens, wir kommen vor dein Angesicht und bitten dich: Stärke uns das Vertrauen in deine Macht, die uns mit Liebe umhegt. Entzünde das Licht der Hoffnung, das uns aufsehen läßt zu dir. In deinem Licht können wir unser Leben neu bedenken. Darum suchen wir, Herr, dein Angesicht.

Psalm 51

Sündenbekenntnis
Du, mein Gott,
unschuldige Hände habe ich nicht. Ich selbst kann nicht meine Hände in Unschuld waschen, Unschuld, die mir doch nicht zur Verfügung steht. Ich weiß genau, wo mir der Schmutz unter den Nägeln sitzt. Ein reines Herz habe ich auch nicht, denn mein Herz weiß genau, was gut und was böse ist. Es weiß auch, was bei mir selbst gut und böse ist. Ich habe keinen Grund, mich selbst zu belügen, denn ich weiß, wie ich bin, auch wenn ich es niemandem sage. Aber ich habe allen Grund, vor dich zu treten und dich zu bitten, damit deine Vergebung meine Hände reinigt, bevor sie handeln. Ich habe allen Grund, dich zu bitten, daß der Herzschlag deines Segens mein Herz höher schlagen läßt ...
(Kurt Wolff, ... aber ich bitte dich, Mit Gott reden, Neukirchener Verlag, Neukirchen-Vluyn 1993, Seite 23)

Gnadenzusage: Johannes 15,16

Schriftlesung: Epheser 5,9–14

Lieder:
EG 675: Diesen Tag, Herr, leg ich zurück (Regionalteil Baden, Elsaß, Lothringen und Pfalz); EG 481, 1: Nun sich der Tag geendet; EG 390: Erneuere mich, o ewigs Licht, EG 666: Wie ein Fest nach langer Trauer (Regionalteil Baden ... s.o.); EG 414, 1+2: Laß mich, o Herr; EG 171: Bewahre uns, Gott.

Fürbittengebet
Herr, unser Gott, unermüdlich säst du dein Wort in die Ohren deiner Gemeinde und auch in die Ohren dieser Welt, Ohren, die nichts anderes sind als die Summe der Ohren jedes einzelnen von uns. Schnell sind wir versucht zu sagen: Wer hat schon Ohren, die immer hören? Aber dein Wort ist der Same, gesät, um hundertfache Frucht möglich zu machen.
Herr Christus, für die Menschen in geschundenen Ländern, denen der Krieg die Früchte vernichtet... die Frucht mühevoller Arbeit, die Früchte des Feldes ebenso wie die zarten Pflänzchen des Friedens und die kleinen Halme des versöhnenden Gesprächs ... bitten wir dich, laß blühen, was wachsen will, laß reifen, wozu du die Kraft gibst, laß aus Gesprächen Versöhnung werden, laß den Frieden gedeihen.
Herr, unser Gott, gib deiner Kirche und uns den Mut, dein Wort des Friedens weiterzusäen, zu sagen, daß kein Krieg sein darf, damit deine Schöpfung erhalten bleibt, damit die Einsicht wächst, daß nur im Frieden Gerechtigkeit unter Menschen hergestellt wird. Setze den Tyrannen Grenzen. Gib den Mächtigen Einsicht, daß Saat und Menschen nur wachsen und leben können, solange sie nicht vernichtet werden.
(Kurt Wolff, ... aber ich bitte dich, Mit Gott reden, Neukirchener Verlag, Neukirchen-Vluyn 1993, Seite 114)

Vorschlag zur Predigt

Möglicher Anfang
Ein bewegendes Plädoyer für das Leben – so ist der persönliche Einsatz der amerikanischen Ordensschwester Helen Prejean zu verstehen, die für die Aufhebung der Todesstrafe in ihrem Land eintritt. Ihr Buch »Dead man walking – Sein letzter Gang« – verfilmt und in deutschen Kinos gelaufen – erzählt die unheilvolle Geschichte von Pat, diesem jungen Mann, der im Todestrakt der Strafvollzugsanstalt von Louisiana einsitzt. Wenige Stunden und Minuten noch – und diesem verfehlten Leben wird die Axt an die Wurzel gelegt. – Der Baum, der keine Früchte bringt, ist zu nichts nutze. So hau ihn ab! – Vergewaltigung und Mord. Die Schwere seiner Schuld holt ihn ein. Pat hält den Vollstreckungsbefehl in seinen Händen: Hinrichtung laut Todesurteil! – Das verfilmte Buch erzählt von diesen letzten, im Wechselbad der Gefühle durchlittenen Stunden von Pats Leben; konfrontiert ihn mit seiner Schuld, der er doch noch durch Leugnung entfliehen will; brennt ihm die Schreie seiner Opfer ins Gedächtnis. Das Buch erzählt auch von der Not der Hinterbliebenen der Opfer: ihrer Wut, ihrem Haß, ihrer Trauer. In dieser aussichtslosen Situation ist die Ordensschwester Helen Pats einziger Beistand. Obgleich selbst oft im Zwiespalt der Gefühle, erschrocken von der grausamen Tat, wendet sie sich Pat doch liebevoll zu und schafft ihm so den Freiraum, der es ihm möglich macht, seine Schuld anzusehen und zu bekennen. Ihr Plädoyer ist schlicht und bewegend: »Wenn jemand, den ich liebe, getötet werden

sollte, weiß ich, daß ich vielleicht für den Rest meines Lebens wütend, verloren, hilflos und voller Kummer sein werde. Es wäre arrogant von mir zu denken, daß ich beurteilen könnte, wie ich auf so eine Katastrophe reagieren würde. Aber Jesus Christus, dessen Weg ich zu folgen versuche, lehnte es ab, Haß mit Haß und Gewalt mit Gewalt zu begegnen. Ich bete um die Stärke, es ihm gleichzutun.« Ihre letzten Worte für Pat auf seinem letzten Gang: »Ich könnte den Gedanken nicht ertragen, daß Sie gestorben sind, ohne ein geliebtes Gesicht zu sehen«, erklärt sie, »ich werde das Gesicht von Jesus Christus für Sie sein. Sie brauchen mich nur anzusehen.«

(Textzitate aus: Helen Prejean, Dead man walking, München 1996, Seite 39 und Seite 64)

Zum weiteren Verlauf

- Wir brauchen Vorbilder

Helen setzt mit ihrem beispielhaften Einsatz für die Todeskandidaten des amerikanischen Rechtssystems einen Meilenstein in Sachen Nächstenliebe. Das sattsam bekannte Plädoyer »Auge um Auge, Zahn um Zahn« (2. Mose 21,24), das den tief im Menschen wurzelnden Vergeltungswünschen entstammt, überwindet diese mutige Frau. Mit dem Mörder Pat geht sie den schwierigsten Weg seines Lebens bis zum Ende mit. Ganz eine Jüngerin Jesu, befolgt sie dessen Wort: »Ich aber sage euch ..., wenn dich jemand nötigt, eine Meile mitzugehen, so geh mit ihm zwei.« (Matthäus 5,41)

- Tagesrede als Feigenblatt

Meilensteine in Sachen Nächstenliebe sind nötig, wenn an deutschen Stammtischen die Parolen fallen: »Der gehört an die Wand gestellt ...« usw. Aber nicht nur an Stammtischen ist zu erfahren, was die Leute denken. »Der gehört gerade selbst verbrannt«, so empörte sich eine treue Kirchenbesucherin, als in unserem Nachbardorf wiederholt ein Brandstifter sein Unwesen trieb. Negative Schlagzeilen in den Medien, Katastrophen-, Horrormeldungen bewirken solche und ähnliche Reaktionen. Ein beliebtes Mittel der Kommunikation sind die Schuldzuweisungen an andere. Es läuft wie nach einem stillen Übereinkommen: Reden wir über »die anderen«, dann machen wir einen genügend großen Bogen, um nicht über uns selbst reden zu müssen. Legen wir den Finger in die Wunde der anderen, so daß wir mit dem Feigenblatt unsere eigenen Wunden verdecken können. Wir sind der Meinung, daß der Schuld der anderen die Strafe auf den Fuß folgen muß: »Der ist ja selber schuld ...« Wenn uns aber einmal der Schrecken trifft, fragen wir: »Warum ist das mir geschehen? Ich habe doch niemandem etwas zuleide getan!« Keiner kommt so leicht auf den Gedanken, ernsthaft und erstaunt sich selbst zu befragen: »Warum ist es mit mir bisher gut gegangen? Was habe ich dazu getan?« – Wie sehr sich hieran insgesamt ein allgemein menschlicher Wesenszug entfalten ließe, zeigt, wie unattraktiv das alte Wort »Sünde« heutzutage ist. Ich stelle mir vor, daß einige der GottesdienstbesucherInnen dann am liebsten fluchtartig die Kirche verlassen würden. Mir geht's ja bei manchen Predigern selbst so.

- Metanoia: Blicke weg von den anderen auf dich selbst!

Der Evangelist Lukas erzählt, wie Jesus sich in ein ähnliches Gespräch über Fragen der Vergeltung, ›Schuld und Ergehen‹ einmischt. Aktuelle Schlagzeilen klingen an. Pilatus hatte einige Demonstranten im Tempelbezirk umbringen lassen. Im gleichen Atemzug wird von einem Turmunglück berichtet, wodurch 18 Leute zu Tode kamen. Tagesgespräch sich ereifernder Leute: Was sagt der Rabbi Jesus dazu? Lukas übermittelt uns ein kurzes Ergebnisprotokoll dieses wohl ausführlichen Gesprächsganges. »Was redet ihr da von der Schuld der anderen«, so lautet im Ergebnis der Standpunkt Jesu. »Eure Gespräche sind fruchtlos und führen zu nichts. Ihr lauft euch in solchen Tagesgesprächen tot! Was habt ihr davon?! Ich meine es ist fruchtbarer, sich auch einmal Zeit zu nehmen und die Frage von Schuld und Schuldigwerden persönlich zu stellen.« So oder ähnlich stelle ich mir den Redeverlauf vor. Wie Jesus den Menschen begegnet, setzt er den bisher unübertroffenen Meilenstein in Sachen Nächstenliebe. Sicher hat Jesus nie den Sündenvorwurf auf Menschen eingehämmert. Vielmehr, wie er Blinde und Taubstumme mit Händen berührte, so berührt er mit Worten. Heilend, einfühlsam öffnet er dazu Menschen den Raum, sich selbst zu begegnen. Heute vielleicht im Sinne einer Meditation: »Blicke weg von den anderen auf dich selbst. Kehre um von den kraftraubenden, fruchtlosen Wegen deines Tuns. Halte Einkehr, kehre ein bei dir selbst. Nimm dir die Zeit dazu, solange du noch Zeit hast. Überdenke dein Leben. Nicht, daß du eines Tages selbst negative Schlagzeilen schreibst. Prüfe deine Orientierung. Ich erzähle dir dazu ein Gleichnis (vgl. Annäherungen vorletzter Absatz): Ist es nicht mit den Menschen so wie mit einem Feigenbaum, der in einem üppigen Weingarten steht? Seine Früchte sind süß und nahrhaft. So findet er Gefallen bei Gott und den Menschen. Sieh dir diesen Baum an ... Stell dir vor, was du mit diesen Früchten machen kannst. Überlege, was für dich ›Früchte des Lebens‹ sind ... und wo du Frucht schuldig bleibst ... Wenn der Feigenbaum aber fruchtlos bleibt, wozu ist er noch nütze? Schreien da nicht alle: Fäll ihn ab, er hat seine Zeit gehabt? Und wird da nicht einer sein, der ein gutes Wort einlegt und sagen wird: Ich will noch 'mal alles investieren, den Boden lockern, düngen und bewässern und schauen, ob da nicht doch noch Frucht wächst?«

- Gefragt ist eine Umkehrpredigt, die fruchtet

Jede(r) ist angewiesen auf Fürsprache. So, wie wir alle Beispiele geben für fruchtloses Denken und Tun. Nicht überall und für jede(n) sind die Bedingungen gleich gut, Frucht zu bringen. Jugendkriminalität (Beispiel von Pat) hat auch ihren Nährboden, für den andere mitverantwortlich sind. Beispiele für das ökologische Feigenblatt westlicher Nationen, die den

Finger in die Wunde der armen Zweidrittel-Welt legen, gibt es ausreichend. Ebenso Beispiele für verkümmerte Gaben und vernachlässigte Aufgaben zugunsten exotischer Scheinfrüchte, wie Konsum, Karriere, Kapital. Der Buß- und Bettag gibt Anlaß und Chance zur inneren Einkehr und Umkehr. Das Gleichnis von Jesus verlockt dazu, die Früchte im Lebenskorb zu sichten, die den eigenen Gaben und Aufgaben entsprechen. Es versagt den scheelen Blick auf den Obstkorb der anderen. Als Frucht dieser inneren Einkehr können Zufriedenheit und Freude reifen. Das sind die Güter Gottes, mit denen er uns reich macht. Dann ist der Bußtag kein Grund, in Sack und Asche zu gehen. Denn Christus ist ein Pädagoge, der Lust macht auf wahre Früchte des Lebens – und der Zeit zur Umkehr gibt. Er scheut sich nicht, auch zwei Meilen mit uns zu gehen, um mit uns an diesem Lebenswerk zu arbeiten, Stärke und Segen dazuzugeben.

Möglicher Schluß
Am Ende eines Tages kommen alle Wege an einem Meilenstein vorbei. Da können wir rasten und ausruhen. Wir sehen die Früchte dieses einen Tages, die Früchte des Lebens. Wir sehen auch, was noch Zeit braucht, um zu wachsen und zu reifen. So beschließen wir diesen Tag mit seiner Mühe und Sorge, mit seiner Liebe und Freude, die er uns brachte. An diesem Meilenstein steht ein Feigenbaum wie ein Gleichnis. Seine Früchte, das sind: Zuversicht und Stärke für den kommenden Tag. An diesen Früchten stärken wir uns. Für alle ist genug da. Christus reicht uns die Frucht der Güte Gottes. Schmecket und sehet, wie freundlich er ist.

Kontexte

Alternativer Predigteinstieg mit einer Bilddokumentation zu einer Rauminstallation, die Joseph Beuys 1976 in der Münchner Innenstadt zum Thema »Zeige deine Wunde« präsentierte (Joseph Beuys, Zeige deine Wunde, Zweibändiger Katalog. München 1980). »Zeige deine Wunde. Eine Aufforderung, die in unserer auf Jugendlichkeit und Gesundheit fixierten Konsumgesellschaft auf Verwunderung stoßen mag. Der Aufforderung – wenn auch in einem Gedankenexperiment – nachzukommen, bedeutet zweierlei: zum ersten die Tatsache, eine Wunde zu haben, die vorzuzeigen wäre; und zweitens das Eingeständnis dieser Wunde, sie also tatsächlich zu zeigen. Tut man dies, so heißt dies bereits in einem ersten Schritt gegen die gesellschaftlich determinierte Konvention – fast gegen ein Tabu – zu handeln. Spinnt man dieses Gedankenexperiment weiter, kommt man auf einen zusätzlichen Aspekt, der im Zusammenhang dieser Arbeit von großer Bedeutung ist: Die Heilung einer Wunde setzt ihr Zeigen, ihr Vorweisen dem Arzt gegenüber voraus. ›Zeige deine Wunde‹ bedeutet also: Gestehe dir deine Wunde ein, zeige sie, nur so ist, wenn denn überhaupt, Heilung möglich. Das Eingeständnis von Krankheit und das Akzeptieren des Todes als der notwendigen dialektischen Gegenposition zum Leben ist die

Voraussetzung für Gesundheit und Leben, für ein Leben auch, das nicht Seiten und Aspekte seiner selbst, Krankheit und Tod abschneidet.«
(Bild und Ikone von R. Hoppe-Sailer in A. Stock (Hrsg.), Wozu Bilder im Christentum? (Pietas Liturgica 6), EOS-Verlag, St. Ottilien 1990, seite 264)

»Beurteilt von anderen – so bin ich aufgewachsen. Erst standen sie um den Kinderwagen und gaben ihre Urteile ab. Dann gaben sie Zeugnisse und strenge Noten. Und dann wurden die Urteile immer härter. Die, die ich sprach – und die, die ich empfing. Ist es unser Schicksal, auf immer und ewig gebunden zu werden an das, was wir taten, – und andere festzulegen auf das, wie sie uns begegnen? Ist da keiner, der löst, statt uns festzubinden an unser Tun und Lassen? ›Sehet auf‹, sagt die Bibel, ›erhebet eure Häupter – darum, daß sich eure Erlösung naht.‹«
(aus: Versöhnung feiern. Praktisch-liturgische Hilfen der Materialstelle für Gottesdienst 1, Nürnberg 1991, Seite 45)

Ewigkeitssonntag

Annäherungen an den Predigttext Matthäus 25,1-13

Heinz Behrends

Fülle an Emotion

Das Gleichnis ist beziehungsreich und weckt starke Emotionen. Es geht um eine Hochzeit und um die Erfahrung des Aufgenommen- und Abgewiesen-Seins.
Der subtile Egoismus der fünf ›Klugen‹ löst Ärger aus. Leute, die nicht abgeben können, sind blöd und gemein, gerade wenn sie dabei so freundlich reden, so verständnisvoll und hilfsbereit wie die fünf Frauen im Gleichnis. Das hat man als Kind unter Kindern schon oft erlebt. Man möchte gerne etwas abbekommen und hört: »Besorg Dir das doch selbst!«
Der abweisende Bräutigam stößt auf Unverständnis. Er fügt sich nicht in das Bild einer Hochzeit ein, eines Festes voller Freude und Offenheit. Die fünf ›Törichten‹ waren doch keine wildfremden Gäste. Trennung, Hochzeit und verschlossene Türen, das paßt nicht zusammen.
Bei Jüngeren und bei selbstbewußten Frauen löst die Geschichte Trotz aus. Sie identifizieren sich mit den ›Törichten‹. Diese sind die eigentlichen klugen Frauen, denn sie leben nach dem Grundsatz ›Carpe diem‹, nütze den Tag. Die ›Klugen‹ sind so langweilig ordentlich.

Mangel an Information

Der historische Hintergrund der Hochzeitsbräuche in Palästina ist unbekannt.
Die wenigsten wissen, daß der Bräutigam in Palästina zu Beginn der Feier mit anderen Männern in seinem Haus zusammensitzt, feiert, trinkt, die letzten Verhandlungen wegen der Braut führt, bevor er zu dem Haus seiner Braut aufbricht. Da kann er sich schon mal verspäten. Im Haus der Braut warten inzwischen die Brautjungfern, um ihm entgegenzugehen, sobald er in Sicht ist. Angekommen verweilen sie im Haus der Braut, bis der Bräutigam seine Frau in sein Elternhaus führt.
Die Unkenntnis dieser Bräuche wirft Fragen auf, gerade weil das Gleichnis eine vertraute Situation, eine Hochzeit, beschreibt:

- Wo bleibt die Braut in dem Gleichnis? Sie taucht nicht mal am Schluß auf.
- Warum begleiten gerade zehn Frauen den Bräutigam? Konfirmanden in ihrer Phantasie verwechseln sie mit der Braut.
- Warum muß das alles im Dunkeln sein? Hochzeitsfeiern beginnen doch am Tag.
- Warum müssen sie unbedingt Öl kaufen? Was wäre passiert, wenn sie ohne Öl mitgegangen wären? Hätte das Licht der Fünf nicht für alle gereicht?
- Hat der Kaufmann auch abends geöffnet? Verlängerte Ladenschlußzeiten?
- Warum nehmen sie kein Öl mit? Öllampen ohne Öl nützen doch nichts. Haben sie auf die Solidarität der anderen Frauen gesetzt?

Meine Beschreibung der Bräuche schließt das Verstehen auf.
Ein letzte Hürde für das Verstehen ist der Anfang des Gleichnisses: Wird das Himmelreich mit einer Hochzeitsfeier oder mit den zehn Jungfrauen verglichen?

Reichtum an Beziehung

Zehn Frauen und ein Mann stehen in einer Beziehung zueinander. Hat der Bräutigam die fünf ›Törichten‹ nicht gekannt? Doch! Aber warum nehmen sie ihre Lampen, obwohl ihnen das Öl fehlt. Durften sie nicht mit Recht auf die Solidarität der anderen hoffen?
»Soll das so im Himmel aussehen? Ich dachte, der Himmel ist sozial«, sagt ein Konfirmand.
»Warum haben die fünf das Problem nicht mit Geld geregelt? Die anderen fünf hätten sich ganz bestimmt mit Geld kaufen lassen«, sagt ein pfiffiger anderer Konfirmand, ein Kind unserer Zeit.
Und der Bräutigam in seiner ablehnenden Haltung? »Der ist sauer auf die Törichten«, sagt ein dritter, »der fühlte sich von den Törichten nicht wichtig genug genommen.«
Die Abweisung durch den Bräutigam legt einen großen Schatten auf das schöne Bild der Hochzeit, so daß die Botschaft des Gleichnisses allerdings eindeutig verstanden wird: eine Mahnung.

Eindeutige Botschaft

Es geht um die Wachsamkeit.
Aber Wachsam sein in bezug worauf? Eine aktuelle Wachsamkeit? Wer vorbereitet ist, kann gut schlafen? Nein, die anderen fünf Frauen schlafen doch auch gut.
Es geht also um das Öl. Aber wofür steht das Öl?

Zum Gottesdienst

Wolfram Braselmann

Exegetisch-homiletische Skizze

»Totensonntag«, so werden sie sagen in der Gemeinde, nicht »Ewigkeitssonntag«, trotz aller gutgemeinten Korrekturen, und viele von denen, die im vergangenen Kirchenjahr eine oder einen Angehörigen verloren haben, werden zum Gottesdienst kommen, weil es so Sitte ist, das auch, wahrscheinlich aber auch, um einen Ort zu finden, an dem sie noch einmal ihrer Trauer gedenken können.

Sie werden im Gottesdienst auf die Verlesung der Namen der Verstorbenen warten, werden mitzählen, werden hinterher fragen, wer das war, den sie nicht gekannt haben.

Erinnerungen werden wach werden, auch bei mir: Fast alle die Namen, die gelesen werden, werden auch mir etwas sagen, manchmal sehr viel, wir alle im Gottesdienst werden uns an gemeinsame Wege, gemeinsam gehörte Worte erinnern.

Das wird der Rahmen sein, in dem dieser Predigttext, schon als Evangelienlesung, verlesen wird. In diesem Rahmen einer auf Trauer und ihre Bewältigung gestimmten Gemeinde soll dies Gleichnis von den klugen und törichten Jungfrauen ausgelegt werden.

Manches mag angestoßen werden schon durch die Textverlesung, manches an Fragen:

- Hat es ausgereicht, und reicht es aus, der Vorrat an »Öl«, an Licht, dann, wenn es dunkel wird und ein Leben verlöscht; denn so werden wahrscheinlich die Bilder des Gleichnisses gehört, und vielleicht ja auch recht. Haben wir genug an Glauben und an Hoffnung, auch da, wo wir nicht viel sehen?
- Waren wir, und sind wir »klug«, klug in dem Sinne, daß wir uns einstellen darauf, daß es mit dem Leben einmal zu Ende geht, sind wir klug genug, Gedanken der Hoffnung uns zu bewahren?
- »Ihr wißt weder Tag noch Stunde«: Menschen sind im Gottesdienst, die an dieser Stelle nicken werden, die erfahren haben, wie schnell es gekommen ist, daß da ein Mensch aus ihrer Mitte genommen wurde, und keiner hätte daran gedacht.

Also: Das apokalyptische Bild davon, daß die Gemeinde bereit sein soll, die Wiederkunft Christi jederzeit zu erwarten, wird vom Hörer an diesem Sonntag umgedeutet in die Bereitschaft, mit der Endlichkeit individuellen Lebens umzugehen, sich darauf einzustellen, daß es schnell zu Ende gehen kann.

Und mit dieser Umdeutung wiederum muß die Gestaltung des Gottesdienstes umgehen. Ich möchte diese Umdeutung an diesem Sonntag ganz einfach stehen lassen, möchte mit der Gemeinde, mit den Betroffenen ganz einfach darüber nachdenken, wie ihre Erfahrungen mit schnellem oder lange erwartetem Lebensende in ihrer nahen Umgebung zusammenhängen mit der Mahnung, bereit zu sein auf ein Ende, das darin besteht, daß Christus wiederkehrt. Was sind Hoffnungen, was sagt der Glaube, wenn unser Leben an sein Ende kommt? Wie leben wir weiter, wenn einer unserer Nächsten stirbt? Das wird dann zum Thema des Gottesdienstes und der Predigt.

Vorschläge zur Liturgie

Weil im Gottesdienst mit der Teilnahme von mehrheitlich »gottesdienstungewohnten« Gemeindemitgliedern zu rechnen ist, sehe ich in diesem Gottesdienst von Experimenten im Hinblick auf die agendarische Gestaltung und das Liedgut ab. Ungewohntes und »Modernes« wird nach meiner Erfahrung der Gemeinde in diesem Gottesdienst Schwierigkeiten machen, die nicht aufgearbeitet werden können.

Ich beginne daher den Gottesdienst nach dem Orgelvorspiel mit einer *Begrüßung:*
Liebe Gemeinde, ich begrüße Euch zu diesem Gottesdienst, ich begrüße vor allem die unter Euch, die sich an diesem Sonntag noch einmal an einen Menschen erinnern, den sie im vergangenen Jahr verloren haben. Viele Erinnerungen sind da heute hier in diesem Raum, an Wege, die Ihr mit Euren verstorbenen Angehörigen gegangen seid, bis hin zum letzten Weg. Den Erinnerungen wollen wir heute Raum geben, der Trauer auch, in der noch viele unter uns sind.
Und wir fragen dabei wieder nach Gottes Wort, nach seinem Wort des Trostes und der Hoffnung, auch da, wo unsere Worte zu versagen scheinen.

Als *Lesung* sind vorgesehen Offenbarung 21,1–7 und Matthäus 25,1–13 (der Predigttext). Auch im Hinblick darauf, daß diese Lesungen manchem Gottesdienstbesucher, der oft an diesem Gottesdienst teilnimmt, vertraut sind, behalte ich diese Lesungen bei.

Eingangsgebet:
Herr, unser Gott, viele von uns sind mit Trauer im Herzen hier im Gottesdienst. Da bitten wir dich: Sieh uns an, sieh an, was das mit uns gemacht hat, daß da ein Mensch, der uns nahestand, gestorben ist. Nimm unsere Trauer, nimm unsre Gedanken an, die uns an diesem Tag bewegen.
Und öffne unsere Herzen, daß wir Dein Wort hören, Dein Wort, das uns nahe sein wird, das uns neue Wege zeigen wird, Wege, die uns in unserer Trauer leiten, durch unsere Trauer leiten, durch unsere Trauer hindurch, Wege, die uns ins Leben führen werden. Amen.

Nach der Predigt werden im Rahmen der *Abkündigungen* die Namen der Verstorbenen des vergangenen Kirchenjahrs verlesen.
Ich lese immer etwa fünf Namen, danach singt entweder der Kirchenchor einen Vers, oder die Gemeinde.
An die Verlesung schließe ich ein *Gebet* an:
Herr, in Dankbarkeit erinnern wir uns an diese unsere Schwestern und Brüder, die unter uns gelebt haben, Dir danken wir für ihr Leben und für all das, das sie manchem unter uns gewesen sind.
Dich bitten wir: Nimm sie auf in Dein Reich.
Denen aber, die traurig sind über ihren Tod, sei nahe mit Deinem Trost. Amen.
Der Tradition der Gemeinde entsprechend, schließt sich hier das Lied EG 522 (»Wenn mein Stündlein vorhanden ist«), Vers 1 und 3 an.

Fürbittengebet
Herr, unser Gott, an diesem Tag denken wir an die Menschen in unserem Ort, die in der vergangenen Zeit einen Angehörigen verloren haben:
Gib, daß sie sich in Dankbarkeit an ihr vergangenes Leben erinnern.
Gib, daß sie das Leben der Verstorbenen Deiner Hand anvertrauen können.
Gib, daß sie Trost finden, und daß sie mit uns zurückkehren mit ihren Gedanken in das Leben, das Du uns schenkst.
Wir denken an diesem Tag an die Menschen, deren Leben bedroht ist: An Schwerkranke und Sterbende. Gib, daß ihnen Menschen zur Seite stehen, die ihnen helfen, die bei ihnen bleiben, die ihnen Worte der Hoffnung sagen.
Wir denken an all das menschliche Leben auf unserer Welt, das von der Macht des Todes bedroht ist, all die Menschen, die in den Kriegen, in den Naturkatastrophen der Macht des Todes ausgesetzt sind.
Gib, daß wir Menschen es lernen, der Macht des Todes zu widerstehen, an die Macht des Lebens zu glauben, das du schenkst, gib, daß wir im Vertrauen auf Dein Wort des Lebens immer neu Deinem Ruf ins Leben folgen. Amen.

Als *Lieder* schlage ich vor:
Zum Eingang EG 155,1-4 (Herr Jesu Christ, dich zu uns wend)
Als Wochenlied das vorgesehene EG 147,1-3 (Wachet auf, ruft uns die Stimme)
Vor der Predigt EG 151,1-3 (Ermuntert euch, ihr Frommen)
Nach der Predigt EG 152,1-4 (Wir warten dein, o Gottes Sohn)
Zum Schluß EG 171 (Bewahre uns, Gott)

Vorschlag zur Predigt

Möglicher Predigtanfang
Es war an einem dieser langen Novemberabende, die dem Totensonntag vorausgehen. Er saß an seinem Schreibtisch im Wohnzimmer, war allein an diesem Abend, weil seine Frau ihre Freundin besuchte. Und er hatte die schwarze Mappe wieder einmal in der Hand, diese Mappe, die ihm der Bestatter vor einem halben Jahr nach der Beerdigung seines Vaters gegeben hatte, angefüllt mit den Kondolenzschreiben. Es war still in dem Zimmer, nur die Wanduhr tickte. Die Wanduhr, die er von dem Vater geerbt hatte. Vor zehn Jahren hatten die Geschwister sie dem Vater geschenkt, zum 65. Das Ziffernblatt mit der Inschrift »Tempus fugit«, wie oft hatte er in den Stunden darauf geblickt, als das Krankenbett des Vaters im Wohnzimmer stand, damals, als es zu Ende ging! »Tempus fugit«: Die Zeit geht hin, der Pastor hatte es ihm übersetzt, bei dem Gespräch vor der Beerdigung, und hinzugefügt Ihr wißt weder Tag noch Stunde, und sie hatten darüber geredet, wie plötzlich das alles dann doch gekommen war ...
In der schwarzen Mappe lag dann auch die Einladung zum Gottesdienst am Totensonntag, mit dem Bild von den zehn Öllampen, fünf brennen, fünf sind verloschen, und er erinnerte sich, im November hängt da dies Bild aus Stoff am Altar in der Kirche: Die Geschichte von fünf jungen Frauen, die genug Öl für ihre Lampen haben, rechtzeitig zum großen Fest kommen, und fünf, die haben keinen Vorrat und bleiben draußen vor.
Das alles fiel ihm ein. Die Zeit geht hin ... Ihr wißt weder Tag noch Stunde ... Genug Öl haben, wenn die Stunde kommt.
Hatte er genug »Öl« gehabt, war er bereit gewesen, hatte er damals die richtigen Worte, die richtige Einstellung gefunden, als da auf einmal tatsächlich kaum noch Zeit war?
Er erinnerte sich, wie das war, als der Arzt zum letzten Mal zum Vater gekommen war. Wie es ihm geht, hatte er gefragt, ob er Schmerzen hätte, noch ein paar Fragen, und dann hatte er ihm gute Besserung gewünscht, hilflos stand er in der Tür und verabschiedete sich hastig. – Gute Besserung? Ob es dem Vater jetzt besser ging, jetzt, da alles vorüber war? Ob wir Menschen dann, wenn es zu Ende geht, auch dann noch auf eine gute Besserung hoffen können? Solche Hoffnung haben, oder ahnen, oder sich danach sehen: Ob das bedeutet: »Bereit sein«? Rechtzeitig da sein, mit einer brennenden Öllampe in der Hand, und eine Tür wird aufgetan?
Die Ahnung einer Hoffnung auf gute Besserung am Leben erhalten, auch dann, wenn da alles nur noch nach Ende und großer Hilfslosigkeit aussieht?

Zum weiteren Verlauf

Im weiteren Verlauf der Predigt schlage ich vor, ähnliche Erfahrungen aus Gesprächen mit Hinterbliebenen aufzunehmen und sie auf dem Hintergrund der Aussagen und Bilder des Textes zu deuten. Es sollten an dieser Stelle ruhig »banale«, alltägliche Trostworte zu ihrem Recht kommen.

Die Form der Erzählung, der inneren Reflektion sollte beibehalten werden. Also: Der Arbeitskollege, der nach einer Woche, als der Sohn des Verstorbenen wieder zur Arbeit ging, ihm auf die Schulter klopfte und sagte: Nimm's leicht, er hat es überstanden, das ist doch wie eine Erlösung.

Und dazu die Reflektion: Was heißt das, überstanden, dann muß er doch nun irgendwo anders sein, wo ihm die Krankheit nichts mehr tut. Und was heißt das, Erlösung, da muß doch einer sein, der ihn erlöst hat.

Und davon eine Ahnung haben, da etwas hoffen oder glauben, das wäre: Rechtzeitig da sein mit einer brennenden Öllampe in der Hand, wenn die Stunde kommt, und eine Tür wird aufgetan, dort aufgetan, wo einem alles verschlossen erscheint.

Oder: Der Nachbar, der nach der Beerdigung auf die Hinterbliebenen zuging und sagte: Tröstet euch, das Leben geht weiter.

Und dazu die Reflektion: Was ist das für ein Leben, das weitergeht, über den Tod von Angehörigen hinweg, was ist das für ein Leben, das weitergeht und die verstorbenen Angehörigen unter sich begräbt? Oder meint der Satz vom Leben, das weitergeht, etwas ganz anderes, meint das Leben selbst, das unzerstörbar ist. Dann aber müßte da einer sein, der das Leben in sein Recht setzt, auch da, wo wir nichts mehr sehen ...

Und solche Hoffnung sich bewahren, das wäre: Das Licht brennend halten, oder neu entzünden, das Licht des Glaubens, dann, wenn die Stunde da ist.

Und: Der Enkel, der nach ein paar Wochen, als sie am Sonntagnachmittag auf den Friedhof gingen, fragt, ob der Opa jetzt im Himmel ist.

Und dazu die Reflektion, daß das Wort vom Himmel dann wohl meinen muß, daß all das, was wir auf der Erde miteinander und aneinander erleben, oft sehr fragmentarisch ist, was die Hoffnung auf erfülltes und gelungenes Leben angeht. Und daß die Hoffnung auf einen Himmel die Hoffnung festhält und ins Recht setzt, daß unser Leben mehr wert ist, als daß es abgelegt und vergessen wird.

Und solche Gedanken aufnehmen, das wäre: Das Licht des Glaubens leuchten lassen, sei es wie eine flackernde Öllampe, wenn die Stunde da ist.

Solche und ähnliche »Trostworte« sollen in diesem Teil der Predigt zitiert und aufgenommen werden. Es kommt darauf an, sie nicht als »billigen Trost« zu denunzieren, um dann das Licht wahrer christlicher Hoffnung umso heller scheinen zu lassen, sondern sie, wo möglich, tiefer zu verstehen, als sie auf den ersten Blick gemeint scheinen. Möglicherweise wird dadurch mehr erreicht als durch den behaupteten Kontrast säkularer und christlicher Hoffnungsworte.

Möglicher Schluß

Solche und manche andere Gedanken machte er sich, während er in den Papieren blätterte, die in der schwarzen Mappe lagen. Ich denke, liebe Gemeinde, ihr könnt Euch vorstellen, was seine Gedanken waren.

Und auch seine Frau, als sie zurückkam und ihn an seinem Schreibtisch fand, konnte sich seine Gedanken gut vorstellen, auch wenn sie nur wenig darüber gesprochen hatte.

»Sonntag«, sagte er, »ist Totensonntag«. Und er zeigte ihr die Karte mit dem Bild der zehn Öllampen. »Man muß darauf eingestellt sein, oder so, wenn die Stunde kommt. Wir wissen so wenig darüber« »Ja, wir wissen nicht einmal wann oder wie«, sagte sie »und wahrscheinlich ist es gut so, wahrscheinlich ist es uns, wie soll ich sagen, gnädig verborgen«.

»Und es ist gut«, so fügte er noch hinzu, »wenn in uns doch immer eine Lampe der Hoffnung brennt. Oder, so denke ich jetzt manchmal, eine Lampe des Glaubens. So, wie es diese Öllampen sind.«

Gedenktag der Entschlafenen

Annäherungen an den Predigttext Johannes 5,24–29

Hanne Köhler

Abstoßend - vertraut?
Zwei Diskussionen über den Bibelabschnitt, einmal mit jungen Müttern einer Krabbelgruppe ohne besondere kirchliche Bindung, einmal mit Frauen mittleren Alters mit hoher Kirchenbindung führten zu diametral entgegengesetzten Ergebnissen.
Für die Frauen mit kirchlicher Sozialisation klang der Abschnitt vertraut und tröstlich. »Es ist doch gut zu wissen, daß die Bösen, denen es jetzt gut geht, ihr Päckchen auch noch kriegen.« »So hat es die Kirche doch immer verkündet. Alle ernten, was sie gesät haben.« Berichtet wird vom Sterben der alten Eltern, die noch einmal ihr Leben rekapitulieren und dann wahrnehmen, was sie gesät hatten; vom Suchen nach Entschuldigung und vom schlechtem Gewissen, ohne noch etwas ändern zu können oder ändern zu wollen. Lediglich, daß die Abrechnung erst am Ende des Lebens oder sogar erst nach dem Tod kommt, macht die Frauen unzufrieden. »Dann läßt sich all das, was so ein böser Mensch angerichtet hat, bei den Opfern nicht wieder gut machen.« In der Diskussion kommen die Frauen darauf, daß der Bibelabschnitt deshalb geschrieben wurde, damit die Leute sich lange vor ihrem Tod Gedanken machen, damit sie ihr Leben lang danach streben, das Gute zu tun.
Mit Blick auf Ihre Kinder stellen die Frauen allerdings übereinstimmend fest, daß eine autoritäre Drohung mit dem Gericht bei diesen bestimmt keine Wirkung hätte. Wenn die Jugendlichen sich überhaupt auf die Vorstellung einließen, dann »würden meine Kinder sicher denken, sie könnten mit Jesus diskutieren. Und wenn sie erstmal anfangen zu diskutieren, dann sind sie am Ende nie schuld.«
Zwei Fragen bleiben:
1. Wann höre ich die Stimme Gottes - nur wenn ich tot bin?
2. Warum hält Gott nicht selbst Gericht, sondern der Menschensohn? (Vermutung: Weil Jesus Mensch war und Menschen besser verstehen als Gott. Vers 30 wurde in der Gruppe nicht gelesen!)
Ganz anders waren die Reaktionen der jungen Mütter ohne besondere kirchliche Bindung. Nach tiefem Schnaufen und längerem Schweigen

waren die ersten Reaktionen »entsetzlich«, »mit Gericht kann ich nichts anfangen«, »nekrophiler Touch«, »genauso habe ich Kirche immer erlebt und deshalb bin ich ausgetreten«.
Nach einigem Amüsement über die bildhafte Vorstellung, daß Tote aus den Gräbern hervorgehen, wird in der Diskussion doch festgestellt, daß der Abschnitt »wohl eine Mahnung an die Lebenden sein soll. Schade, daß dann nur über Tote gesprochen wird und der Rest so untergeht.«
Einge Frauen, die jüngst Angehörige verloren haben, empfanden es als tröstlich, daß »die Toten offensichtlich nicht alleine sind. Jemand ist bei ihnen, da wo ich nicht mehr sein kann.« Allgemein wird geäußert, »es wäre schön, wenn es so etwas wie Gerechtigkeit gibt«. »Wenn es denn so wäre (wenn es ein Gericht gäbe), für die, die wirklich Böses in der Welt tun, hätte ich nichts dagegen«.
Eine längere Diskussion entwickelt sich um Vers 24. Die Frauen wünschen sich dazu nähere Information. »Es kann doch wohl nicht gemeint sein, ich lebe erst, wenn ich glaube.« »Akzeptieren könnte ich, wenn es heißt, daß der Glauben etwas ist, was manchen Menschen im Leben hilft«.
Überraschend war für mich, wie lange sich die Frauen unter dem Stichwort »Wann glaube ich, was jemand sagt?« mit dem Anfang von Vers 24 beschäftigten. Die Glaubwürdigkeit hängt an der Geschichte mit der Person, die spricht.
Dazu eine Szene aus dem Familienleben:
(A=Erwachsener, B=Kind ca. 5 Jahre, C=Kind ca. 3 Jahre)
A Wenn ich das sage, kannst du mir glauben.
B Wenn DU das sagst, glaube ich dir das.
C Ich glaube dir auch.

Zum Gottesdienst

Hans Hermann Blettgen

Zur Situation des Gottesdienstes

1.1 Die Gemeindeglieder, die im vergangenen Jahr einen Angehörigen verloren haben, werden in unserer Kirchengemeinde persönlich zum Gottesdienst eingeladen. Sie folgen der Einladung in großer Zahl.
Daneben kommen – in kaum geringerer Zahl – die Leute, deren Angehörige vor mehr als einem Jahr verstorben sind.
1.2 Ich denke z. B. an Frau R. Herr R. verstarb vor zweieinhalb Jahren im Alter von 72 Jahren. – Das Ehepaar hat einen Sohn, der in den USA lebt. – Frau R. ist immer noch nicht in der Lage, den Tod ihres Mannes zu akzep-

tieren. Sie erweckt den Eindruck, daß sie sich ihm heute sogar stärker verbunden fühlt als zu seinen Lebzeiten. Das belastet die wenigen menschlichen Beziehungen, die ihr geblieben sind, bis hin zum Abbruch. Sie lebt ganz auf ihren Mann ausgerichtet. Sie möchte ihm »treu« bleiben. So braucht sie denn auch ihren täglichen Gang zum Friedhof, um sich zu vergewissern, daß er in ihrem Leben noch »vorkommt«. - Hut und Mantel ihres Mannes hängen seit seinem Tod unangetastet an der Flurgarderobe. Ich habe zahlreiche Gespräche mit Frau R. geführt. Sie erwartet »Verständnis« von ihren Gesprächspartnern und das heißt für sie: Bestätigung ihres Trauerverhaltens. Es ist mir und anderen Leuten bisher nicht gelungen, sie aus ihrer Situation »abzuholen«. Mehrere Versuche, sie in einen Gesprächskreis für Trauernde einzubeziehen, sind gescheitert.

1.3 Auch Herr G. wird den Gottesdienst besuchen. »Sie haben mich persönlich eingeladen. Es läßt sich einrichten, daß ich Ihrer Einladung folge.« - Herr G. - verheiratet, ein Kind - hat vor gut einem halben Jahr seine Mutter verloren. Sie starb mit 82 Jahren. - Ich habe den Eindruck gewonnen, daß jegliche »Kommunikation« zwischen G. und seiner verstorbenen Mutter abgebrochen ist. - Mit der Grabpflege hat er den Friedhofsgärtner beauftragt. - Sein Trauerverhalten entspricht der weniger als nur schwachen Beziehung zu seiner Mutter zu deren Lebzeiten. Während meines Trauerbesuches hatte ich einige Mühe, unser Gespräch immer wieder auf den Anlaß zurückzubringen. G. versuchte fortwährend, mir die Bilanz seines eigenen Lebens vor Augen zu führen. Für ihn eine »traurige« Bilanz. Es hat den Anschein, daß er stärker um sein eigenes »ungelebtes« Leben als um den Tod seiner Mutter trauert.

1.4 Frau R. und Herr G. kennzeichnen - jeweils von den entgegengesetzten Eckpunkten her - die ganze Bandbreite der Erwartungen, die dem Gottesdienst entgegengebracht werden.

Die Predigt wird sowohl den Aspekt der »tödlichen« Herrschaft der Toten bzw. des Todes über die Lebenden bzw. über das Leben als auch die Gleichgültigkeit scl. lieblose Vergeßlichkeit der Lebenden gegenüber den Toten zu berücksichtigen haben.

Ich erhoffe mir, daß meine Predigt als Plädoyer für das Leben diesseits der Todesgrenze gehört wird.

2. Ich nutze die traditionelle Zuordnung von Johannes 5,24-29 zum »Gedenktag der Entschlafenen« für den Versuch, unmittelbar zu den Gottesdienstbesuchern zu sprechen. Es geht mir darum, der »Entschlafenen« als »unserer« Entschlafenen zu gedenken, zugleich aber auch dessen zu gedenken, was die Toten bzw. der Tod in uns zum »Entschlafen« gebracht haben.

Vorschläge zur Liturgie

Lieder
Dem Tenor der Predigt entsprechend ausgewählte Strophen aus EKG 197; 283; 294; 306; 330; 468; vielleicht auch aus EKG-Beiheft 615

Psalmen
Etwa Psalm 90,1+2 oder 121,1-4+7 ff.

Eingeständnis
Gott / mein Leben gehört dem Toten / dem Bild des Toten in mir
Ich sehe in gehen / sich lachend bewegen / eindringlich zu mir reden / höre ich ihn
Ich lausche seiner Stimme / spreche ihr nach / mit Worten / die zu ihm gehören / immer wieder
Immer wieder / gehe ich weite Wege / allein / und ohne Ziel
Ich rede / führe lange Gespräche / Bin ich allein / rede ich laut / Alles / was ich zu sagen versäumte / redet jetzt aus mir
Ich weiß / um Sterben und Auferstehn / Weiß / um das Weizenkorn / das in die Erde fallen muß / Ich weiß / und begreife / nichts
Ich rede / erzähle / beschreibe die Erinnerung
Ich suche Trost
Beschwichtigende Worte mag ich nicht hören / Worte um jeden Preis
Ich suche Leben
Amen!

Zuspruch
Römer 14,7

Kollektengebet
Wie gut / Gott / daß es diesen Ort gibt
Zuflucht / und Stätte der Gewißheit / daß du zu uns redest
Amen!

Lesung
Neben den agendarischen Texten bietet sich eine Auswahl aus Römer 8,18 ff. an.

Fürbittengebet
Welch ein Gott / du doch bist
Tot / warst du für uns / Lebendig / zeigst du dich heute
Wecke unser Vertrauen / Hüte unsere Hoffnung / jetzt / und immer
Rüttle wach / die sich für tot halten / daß sie auferstehen und leben
Nimm quälendes Altes hinweg / Laß Neues die Herzen bewegen

Gib dich / in der Würde alles Lebendigen / denen zu erkennen / die für das Leben vieler verantwortlich sind
Wir danken dir / daß du uns dem Leben in seiner ganzen Fülle / begegnen lassen willst
Amen!

In den Gebeten sind Anregungen bzw. Bruchstücke von Texten verschiedener Autoren verarbeitet.

Predigtvorschlag

»Wahrlich, wahrlich, ich sage euch: Wer mein Wort hört und dem vertraut, der mich gesandt hat, der hat das (ewige=) wahre Leben und kommt nicht in das Gericht, sondern er ist vom Tode zum Leben hindurchgedrungen.«
Eine »freche« Behauptung!
Was wir von uns wissen, ist ja eben nicht, daß wir »vom Tod zum Leben hindurchgedrungen« sind, sondern eher, daß uns – immer noch – der Tod durchdringt.
Vom Tod sind wir durchdrungen,
wenn unsere lähmende Trauer nicht weichen will;
wenn die Angst vor morgen schon heute unser Herz verengt und erstarren läßt;
wenn die niederdrückende Last täglicher Ohnmachtserfahrungen uns daran hindert, unseren Kopf zu heben und nach einem lebenswerten Leben Ausschau zu halten;
wenn unsere Erwartungen, unsere Hoffnungen und Träume auf ein Leben, das seinen Namen verdient, im Grab der bestehenden Verhältnisse verwesen;
wenn der Tod bereits unser Hören und Sehen beherrscht und wir überall nur noch die Anzeichen für »traurige Zeiten« zu erkennen glauben;
wenn unser Denken und Reden in dem Satz gipfelt: »Da können wir nichts machen!« – Dieser Satz ist einer der atheistischsten Sätze, die je über Menschenlippen gekommen sind. Nicht nur das: Er tötet unsere Seelen.
Gott möchte, daß wir leben.
»Wahrlich, wahrlich, ich sage euch ...«
Ich verstehe:
In Namen Gottes, der will, daß Ihr lebt, möchte ich Euch die Wahrheit über Euch sagen. Denn was Ihr von Euch zu wissen glaubt, das ist nicht die Wahrheit. Es sind Eure Erfahrungen, aber es ist nicht die Wahrheit. Es ist nicht Euer wahres Leben.
»Wer mein Wort hört und dem vertraut, der mich gesandt hat, der hat das wahre Leben ...«

Ich verstehe:
Ihr könnt wahrlich »nichts machen!« Ihr könnt Euch Euer wahres Leben nicht selbst verschaffen. Dazu seid ihr zu traurig, zu hoffnungslos, zu hilflos. Es muß Euch geschenkt werden. Ich bin von Gott gesandt, Euch zu sagen, daß Gott Euch Euer wahres Leben geschenkt hat. Es ist da. Ihr »habt« es. Vertraut Gott! – Euer Vertrauen auf Gott beginnt damit, daß Ihr darauf vertraut, daß er Euch Euer neues Leben längst anvertraut hat.
Ihr fragt Euch, wo Euer wahres Leben jetzt sein könnte? Nehmt die Sehnsucht, anders zu leben, die Euch gelegentlich überfällt, als ein Zeichen dafür, daß es da ist, und zwar in Euch. Es »schläft« in Eurem Herzen und wartet darauf, geweckt zu werden.
Liebe Gemeinde! Der heutige Sonntag wird traditionell auch »Gedenktag der Entschlafenen« genannt. Ich möchte ihn zugleich als »Gedenktag unseres entschlafenen wahren Lebens« ansehen.
»Wer mein Wort hört ...«
Ich verstehe:
Ich bin von Gott gesandt, um Eure Wahrnehmungsfähigkeit für das wahre Leben zu schärfen: Hört und seht auf mich! Ich bin der »Weg« zu Eurem wahren Leben. Ich bin die »Wahrheit«, an der Ihr Euer wahres Leben erkennt. Ich bin, ich verkörpere Euer wahres »Leben«.
»Wer mein Wort hört ...«
Ich verstehe:
Hört meine Worte, meine Geschichten! Seht auf mich, auf meine Geschichte! Nehmt das alles als Worte, Bilder und Geschichten von Menschen, die Gott vertrauen und dadurch zu ihrem wahren Leben hindurchdringen, deren Leben gelingt. Erinnert Euch an die Geschichten von der Samaritanerin am Brunnen, von der Heilung des Gelähmten am Teich Bethesda oder von der Auferweckung des Lazarus.
Liebe Gemeinde! Ich vertraue auf die vieltausendfach erprobte »Weckkraft« der Worte, der Bilder und der Geschichten des – sog. Alten und – Neuen Testaments. – Auf die endlos öden TV-Bilder und TV-Geschichten, auf die Flut der – vor allem – Unglücksnachrichten vertraue ich dagegen nicht. Sie besetzen unsere Köpfe und Herzen mit falschen Geschichten und Bildern vom Leben. So wie das Leben dort »ist«, ist es nicht!
Ich möchte auf die »wahren« Geschichten der Bibel vertrauen. Sie führen uns auf die Spur unseres wahren Lebens. Der Nazarener hat seine Geschichten erzählt und gelebt, um seine Zuhörer an das wahre Leben zu erinnern und um es zugleich in ihnen zu wecken. Der Evangelist Johannes hat jene Geschichten und die Geschichte Jesu Christi für seine Leser mit dem gleichen Ziel aufgeschrieben.
Jene Worte, Bilder und Geschichten vom wahren Leben dürfen nicht vergessen werden; denn der Tod wird weiterhin sein tödliches Handwerk unter uns treiben: Wir werden weiterhin vor unserem leiblichen Tod unsere vielen kleinen Tode sterben. Trauer wird sein. Tränen werden fließen. Hier

und da wird es dem Tod gelingen, uns zu verstören. Vielleicht wird es ihm sogar gelingen, unser bisheriges Leben zu zerstören. Aber es wird ihm nicht gelingen, uns zu beherrschen. Die Erinnerung an unser wahres Leben und die Kraft, die uns durch unser Vertrauen auf Gott zufließt, werden uns nicht eher ruhen lassen, bis sich unsere tödliche Einsamkeit wieder in ein lebendiges Miteinander mit unserer Familie, mit unseren Freunden, unser tödliches Mißtrauen allem Lebendigen gegenüber wieder in Vertrauen und unsere tödliche Anst wieder in lebensbejahende Freude gewandelt hat. Wir sind ganz einfach überzeugt von der Güte, Offenheit und Gelassenheit wahren Lebens. Zuwendung, Verzeihen und Nächstenliebe sind uns in unserem Zusammenleben unentbehrlich geworden. Wer einmal vom wahren Leben durchdrungen war, der kann nicht anders als Widerstand leisten gegen die tödliche Banalität dessen, was nur ist, wie es ist. Sein Credo lautet: Gott sei Dank muß nichts so bleiben wie es ist. Unmögliches ist möglich! Undenkbares denkbar! Alles kann anders sein als es ist, auch und sogar über die Grenzen des Todes hinweg! Und zwar über die Grenzen des Todes in unserem Leben und über die Grenze unseres leiblichen Todes hinaus. Gottes Vertrauen zu uns, seine »traute« Nähe zu uns, seine »Gnade« trägt unser Leben über beide Grenzen hinweg. Für den, der Gott vertraut, ist der leibliche Tod nicht mehr als wenn ein Schlafender sich im Schlaf auf die andere Seite dreht.

Die Bezeichnung »Gedenktag der Entschlafenen« für den heutigen Sonntag trifft die Sache, um die es geht. - Deshalb habe ich es mir u. a. abgewöhnt, über die Grabinschrift: »Ruhe sanft« zu lächeln. Sie hat ihre Berechtigung als Ausdruck starken Gottvertrauens.

Das Bildwort vom Schlaf benutzt auch der johanneische Jesus. Der Evangelist erzählt in der Geschichte von der Auferweckung des Lazarus, wie der Nazarener den Tod mit wenigen Worten souverän in seine Schranken weist. »Lazarus, unser Freund, schläft, aber ich gehe hin, ihn aufzuwecken,« sagt er. Er ignoriert damit zugleich ebenso souverän den engen Katechismusglauben seiner Jünger und den der Marta.

Diese und andere Geschichten und die Geschichte, die Johannes vom Tod und von der Auferweckung des Nazareners erzählt, sind in der Lage, unsere Hoffnung auf wahres (=ewiges) Leben über die Grenzen des Todes hinwegzutragen. Es sind »Befreiungsgeschichten«. Sie tragen die Kraft in sich, uns zugleich von der Sorge um das Schicksal unserer Toten zu befreien. Allerdings gelingt es Johannes m. E. nicht ganz, uns jene Sorge zu nehmen. Seine Vorstellung vom »Endgericht« in den Versen 28 f. bereitet Schwierigkeiten.

Es heißt dort:

»Es kommt die Stunde, in der alle, die in den Gräbern sind, seine Stimme hören werden, und werden hervorgehen, die Gutes getan haben, zur Auferstehung des Lebens, die aber Böses getan haben, zur Auferstehung des Gerichts.«

Ich frage mich, wie die drei Worte vom Gericht zusammengedacht werden können!
In Vers 24 heißt es:
»Wahrlich, wahrlich, ich sage Euch: Wer mein Wort hört und dem vertraut, der mich gesandt hat, der hat das (=ewige) wahre Leben und kommt nicht in das Gericht, sondern er ist vom Tode zum Leben hindurchgedrungen.«
Ich möchte das so verstehen:
Wer zum wahren Leben hindurchgedrungen ist, der ist bereits »gerichtet«, nämlich durch Gott zum wahren Leben hin aus-»gerichet«.
In Vers 25 heißt es dann:
»Wahrlich, wahrlich, ich sage euch: Es kommt die Stunde und ist schon jetzt, daß die Toten hören werden die Stimme des Sohnes Gottes, und die sie hören werden, die werden leben.«
Ich verstehe diesen Vers auf der Linie von Vers 24. Die Toten haben - wie wir - die Chance, im Hören auf die Stimme des »Sohnes Gottes« zu ihrem wahren (=ewigen) Leben hindurchzudringen.
Ein tröstlicher Gedanke!
Dagegen verstehe ich nicht - nicht mehr oder vielleicht noch nicht - das Bild des Gerichtsgedankens in den Versen 28 f. Warum sollten die Toten nicht - wie wir Lebenden - schon im Hören auf die Stimme des »Sohnes Gottes« die Auferweckung ihres nur schlafenden wahren (=ewigen) Lebens erfahren - wie in Vers 25? Welche Bedeutung kommt den Kreuz und die Auferweckung Jesu Christi jenseits der Todeslinie zu?
Der Vergeltungsgedanke verstellt und entstellt den Gedanken von dem grenzenlosen und vorurteilslosen bzw. vorverurteilslosen »Vertrauen« Gottes, das der Nazarener predigte und lebte.
Oder sollte Johannes in Vers 28 f. doch stärker an uns - die Lebenden - als an die Toten gedacht haben? Etwa in dem Sinne: »Ihr seht, was mit Euch wird, wenn Ihr Euch nicht bemüht, »Gutes« zu tun!« Drohbotschaft anstelle von Frohbotschaft!?
Ich kann Johannes hier nicht folgen. Ich stelle mir das »Gericht« jenseits unseres leiblichen Todes wie einen Augenblick vor, in dem es uns im Hören auf die Worte, auf die Stimme Jesu Christi wie Schuppen von den Augen fällt und wir unser wahres (=ewiges) Leben erkennen und froh und dankbar ergreifen und leben.
Lassen wir uns unser Vertrauen auf die grenzenlose Barmherzigkeit Gottes nicht nehmen! Nicht einmal von dem Evangelisten Johannes! Amen.

Kontexte

Heute schon gelebt?
(Graffito)

Möge der Tod uns lebendig finden
und das Leben uns nicht tot.
(Graffito)

Ja, der Tod ist nicht die einzige Todesart. Das Leben ist eine raffiniertere Todesart.
(Günther Nenning, aus: FAZ – Magazin. 28.6.1996. Seite 43)

Heute ist der erste Tag der Zeit, / die uns noch zum Leben bleibt. / Es ist der letzte Tag der Zeit, die wir bisher gelebt haben. / Laßt uns beides leben – / den neuen Anfang und das Ende, / frisch und unbefangen wie am Anfang, / und so bewußt, / als stünden wir an unserem Ende. / Gottes Liebe wird bei uns sein / in allem, / was wir tun.
(Kirchentag. Nürnberg 1979, Flugblatt)

Memento
Vor meinem eignen Tod ist mir nicht bang, / nur vor dem Tode derer, die mir nah sind. / Wie soll ich leben, wenn sie nicht mehr da sind?
Allein im Nebel tast ich todentlang / und laß mich willig in das Dunkel treiben. / Das Gehen schmerzt nicht halb so wie das Bleiben.
Der weiß es wohl, dem gleiches widerfuhr; / – Und die es trugen, mögen mir vergeben. / Bedenkt: den eignen Tod, den stirbt man nur, / doch mit dem Tod der andern muß man leben.
(Maschka Kaleko, aus: An den Wind geschrieben. Lyrik der Freiheit. Darmstadt 1960. Seite 27)

Bevor ich sterbe
Noch einmal sprechen / von der Wärme des Lebens / damit doch einige wissen: / Es ist nicht warm / aber es könnte warm sein / Bevor ich sterbe / noch einmal sprechen / von Liebe / damit doch einige sagen: / Das gab es / das muß es geben / Noch einmal sprechen / vom Glück der Hoffnung auf Glück / damit doch einige fragen: / Was war das / wann kommt es wieder?
(Erich Fried, Lebensschatten, Verlag Klaus Wagenbach, Berlin NA 1996)

Sterben ist ja nur, als ob man sich auf die andere Seite legt.
(Käthe Kollwitz)

Der Tod ist kein Argument gegen das Leben.
(Ernst Lange, Zit. in: Literarische Auslese. a.a.O. Seite 112)

der tod / des todes / dem tod / den tod / der tod des todes / dem tod den tod
(Ernst Jandl, aus: Bundes Deutsch. Lyrik zur Sache Grammatik. Hrsg. von R.O. Wiemer. Wuppertal 1974. Seite 98)

Das leere Grab
ein grab greift / tiefer / als die gräber / gruben
denn ungeheuer / ist der vorsprung tod
am tiefsten / greift / das grab das selbst / den tod begrub
denn ungeheuer / ist der vorsprung leben
(Kurt Marti, geduld und revolte, die gedichte am rand, © Radius-Verlag, Stuttgart 1984)

Die Autorinnen und Autoren

Pfarrer i. R. Martin Adam, Mainz; Pfarrer Bernd Ahrens, Oberhonnefeld; Pfarrer Eschel Alpermann, Mannheim; Pfarrerin Sabine Bäuerle, Frankfurt/M.; Pfarrer Heinz Behrends, Göttingen; Pfarrer i. R. Dr. Günter Berndt, Friedersdorf; Pfarrer Hans Hermann Blettgen, Essen; Pfarrer Wolfram Braselmann, Rehburg-Loccum; Pfarrerin Birgit Brügge-Lauterjung, Duisburg; Superintendent Hans Werner Dannowski, Hannover; Pfarrer Gerhard Engelsberger, Wiesloch; Pfarrer Klaus Eulenberger, Hamburg; Pfarrerin Angela Fuhrmann, Flemmingen; Pfarrer Christian Fuhrmann, Flemmingen; Pfarrer Ralf Handelsmann, Kutenholz; Pfarrer Friedrich Holze, Rehburg-Loccum; Pfarrer Dr. Reinhard Kirste, Nachrodt; Pfarrerin Hanne Köhler, Flörsheim; Pfarrer Wolfhart Koeppen, Ortenburg; Pfarrer Claus Marcus, Berlin; Pfarrer Klaus v. Mering, Langeoog; Pfarrer Hans Jürgen Milchner, Hunteburg; Pfarrer Frank Niemann, Lehrte-Arpke; Pfarrer Christian Schad, Landau; Pfarrer Christoph Schmidt-Ehmcke, Münster; Pfarrer Dieter Schupp, Kaiserslautern; Pfarrer Traugott J. Simon, Marburg; Pröpstin Helga Trösken, Frankfurt/M.; Präses Hartmut Wenzel, Nürnberg; Pfarrerin Gerlinde Wnuck-Schad, Landau